反思经济学
rethinking
economics

经济学是科学吗？

现代经济学的
成效、历史与方法

Science?
or
Ideology?

[英] 罗杰·E.巴克豪斯
Roger E. Backhouse
● 著

苏丽文
● 译

The

Puzzle

of

Modern

Economics

格致出版社　　上海人民出版社

推荐序

这是一本出自经济思想史家之手，并结合 20 世纪经济学的发展史探讨经济学方法论的著作。一旦涉及方法论问题，往往让人敬而远之，这个领域确实过于艰深。但这本书并不烧脑，甚至不必正襟危坐读之。之所以能把复杂的方法论问题简单化，并且写得引人入胜，除了作者力图"让本书的主要观点……以非经济学家可以理解的方式展现给读者"①之外，还与作者本人有关。

本书作者罗杰·E. 巴克豪斯任教于英国伯明翰大学，是当今经济思想史界非常活跃的人物。治史者著书立说喜欢"寓教于史"，治思想史者也不例外。他们在论证自己观点时选择的史料本身往往就足够引人入胜，可读性很强。作者的学术身份决定了这本书的风格。此其一。其二，巴克豪斯个人的观点较为中性，从而没有太多说教，让观点各异的读者可以相对平和地阅读，不至于产生抵触进而弃读。正如他所言："历史学家的任务就是把……历史故事综合起来，进行修正和放大，并告诉世人，这些故事如何嵌入一个范围更广的故事情节当中。这样写出来的历史既不会是保守的（为现代经济学的成就而喝彩），也不会是革命

① 见本书"致谢"第 1 页。

性的（为了推翻当代正统思想而揭它们的伤疤）。"[1] 这种态度对于涉及方法论问题的著作尤为必要，因为在方法论领域，不同阵营的经济学家更容易剑拔弩张。

方法论对于任何学科的重要性都是不言而喻的，但主流经济学对它却不怎么待见。乔治·斯蒂格勒曾告诫同行，60岁以前别去碰方法论问题。表面上看，这似乎是说方法论领域难度太大，没必要把青春耗费在这上面。但在我看来，这种告诫另有深意：对于按主流经济学标准程序培养出来的经济学家，一旦过早进入方法论领域，很容易对自己笃信的学说产生怀疑，于是信念动摇，即便不至于改弦易辙，至少思想上也会彷徨痛苦，所以干脆别去碰。待年纪差不多了，还有兴趣的话再去琢磨，到那时，个人思想的一切改变都无关紧要了，而且也不容易改变了。这或许也是主流经济学教育体系中方法论（和思想史）缺位的原因之一吧。

方法论真有那么"可怕"吗？是的。正如本书讨论的话题：经济学是科学还是意识形态？试问，按照主流经济学标准程序"生产"出来的经济学从业者，有几人会质疑经济学不是科学？在主流经济学的圈子里，如果否认经济学是科学，那么"你作为经济学家的资格就会让人怀疑"。[2] 但是在方法论领域，关于经济学是科学还是意识形态的争论由来已久，而且至今没有停止的迹象。这本讨论方法论问题的书，就是对这个争论的生动呈现。

---

[1] 罗杰·E. 巴克豪斯：《西方经济学史》，海口：海南出版社2004年版，第354—355页。

[2] 见本书第68页。

经济学中的争论司空见惯，新凯恩斯主义和新古典宏观经济学的争论算是近几十年来最大规模的争论了。不过这种争论是主流经济学的"内部矛盾"。尽管我们看到了保罗·克鲁格曼、约瑟夫·斯蒂格利茨炮轰宏观经济学，看到了保罗·罗默"叛出师门"这类"大事件"，但这些人和事只不过是自家兄弟之间出现点不愉快而已。克鲁格曼攻击的对象是主张自由放任的新古典宏观经济学；斯蒂格利茨则是自己搞了个模型来替代他认为错误的动态随机一般均衡模型（DSGE）；罗默不过是抱怨团结在罗伯特·卢卡斯周围的那伙新古典宏观经济学家不带他玩。这样的争论不是这本书关注的对象，它关注的是经济学"灵魂深处的斗争"（struggle over the soul）。①

经济学中还有这样的"斗争"？马克思主义经济学以及它的"斗争""资产阶级"之类的用语在西方的经济学界不是几乎绝迹了吗？沉浸于主流经济学者自然会有这样的疑问，因为他们了解的是被有意无意屏蔽了的经济学信息，因为他们没有涉足真正的方法论领域，接触到的最多是"经济学应该是实证经济学"这种方法论伪命题。这样的"斗争"不仅一直存在，而且有愈演愈烈之势，书中谈到的"后自闭症经济学运动"便是一个事例。②有关经济学是科学还是意识形态的争论，是这种"斗争"

① 这是尤沃·约纳伊（Yuval Yonay）1998 年出版的一部记述两次世界大战之间美国制度主义与新古典经济学间的争论的著作的书名：*The Struggle over the Soul of Economics*: *Institutionalist and Neoclassical Economists in America between the Wars*（Princeton，NJ: Princeton University Press）。

② "后自闭症经济学运动"也译"后我向经济学运动""经济学改革国际运动"。这场运动今日已发展为范围更广、影响更大的"经济学多元化国际运动"。

的集中体现。这个争论的完整表达应该是："主流经济学是科学还是意识形态"。维护者认为它已经是科学，反对者认为它不过是意识形态而已。维护者和反对者分别来自经济学中两个对立的阵营——正统经济学（Orthodox Economics）和非正统经济学（Heterodox Economics）。如果不了解非正统经济学，甚至不知道非正统经济学的存在，自然就会不承认或者不知道经济学中还存在斗争，只会认为"（正统）经济学的批评者们根本不了解这门学科"。[1]

来自非正统经济学阵营的批评者并非天外来客，尤其是第二次世界大战后成长起来的非正统经济学家。他们和正统经济学家一样，都是由主流经济学的标准化教育体系培养出来的，对主流经济学的掌握程度与正统经济学家无异。他们由于师承关系或者别的偶然因素，在成长过程中接触了思想史、方法论，从而认识并接受了马克思主义、后凯恩斯主义、制度主义等非正统经济学学术传统，成为非正统经济学家。因此，他们不是不了解、而是更了解经济学这门学科。正因为更了解，他们看得到这门学科的问题和缺陷，看得清这门学科的本质。只不过他们受到正统经济学圈子的排斥、打压甚至迫害[2]，成为主流经济学教育体系所屏蔽的对象，以至于很多人不知道他们的存在。

非正统经济学与正统经济学的对立是全方位的，从本体论、认识论层面，到理论、方法和政策，两个阵营截然不同。这两个

---

[1] 见本书第 3 页。

[2] 弗雷德里克·李（Frederic Lee）的《非正统经济学史》(*A History of Heterodox Economics*: *Challenging the Mainstream in the Twentieth Century*, London: Routledge，2009）详细记载了英美两国的非正统经济学家在整个 20 世纪的艰难境遇。

阵营的对立通过本书中的一段叙述可见一斑。关于什么是科学的经济学这个问题，正统经济学阵营中的计量经济学的看法是："富有科学性就是要通过严谨的方法得出研究结果，就是运用数学方法获得比运用文字分析方法可能得到的更加严谨的结论。科学严谨性意味着逻辑严谨性，要求经济学应关注准确定义的数学模型的建构和分析。因此，经济学理论的严谨性就是要简化问题，将它们用公式表述出来，形成几组方程式，从而可以用合适的数学方法加以操作。"而在非正统经济学阵营的制度主义经济学家看来，"具有科学性意味着要投入时间和资源进行更多、更可靠的经济观察，获取定量数据；拒绝接受理论的一成不变，允许经验观察……对理论进行检查和检验；要有理性，不感情用事，尽可能不受意识形态偏见的影响；运用与相关领域科学知识相一致的行为或动机前提，尤其是心理学；创建可用于解决具体问题的知识"。[①]

判断这两种认识孰优孰劣并不重要，重要的是知道经济学并非只有一种声音。这本书为读者提供了接触另一种声音的机会。读者不一定会接受这种另类声音，但兼听则明，它或许有助于读者认识主流经济学的缺陷，为改进这种经济学做出贡献。当然，这本书也有可能就是让某些读者成为非正统经济学家的那个偶然的机会。如果是这样也不可怕，多元化比一元化更有利于一个学科的发展进步。

对于后一类读者来说，这本书只是为你们接触非正统经济学打开了一条门缝，不妨把一些已在国内出版的书籍当作通向非正

---

① 见本书第119—120页。

统经济学殿堂的阶梯。①

张林谨识

2018 年 1 月

zhanglin0997@vip.sina.com

---

① 这些国内出版的非正统经济学著作包括:菲利普·奥哈拉主编《政治经济学百科全书》;杰弗里·M.霍奇逊著《经济学是如何忘记历史的:社会科学中的历史特性问题》、《制度经济学的演化:美国制度主义中的结构、能动性和达尔文主义》;马克·R.图尔主编《进化经济学》(第一卷);马克·R.图尔、沃伦·J.塞缪尔斯主编《作为一个权力体系的经济》;马克·拉沃著《后凯恩斯主义经济学》;霍华德·谢尔曼著《激进政治经济学基础》;张夏准:《富国陷阱:发达国家为何踢开梯子?》;爱德华·富布鲁克编《经济学的危机:经济学改革国际运动最初 600 天》。

致 谢

撰写这本书花了很长时间。起初的想法是通过对经济学近期（自二战以来）历史的叙述，写一本阐明经济学现状的书。我曾希望能够利用过去十年里在这方面所做过的研究工作成果，快速准备出一本书。然而，尽管很快拼凑出了草稿，但是却不能令人满意，于是写作就被搁置下来，其中的部分原因是有其他项目，但主要还是因为我不能将收集到的各种素材按我所希望的方式编排在一起。打过多次草稿之后，终于有了这个结果，原稿中的多个章节被砍掉，由新的内容所取代，留下来这本既涉及方法论又涉及历史的作品。

尽管我希望本书将有助于经济学界的辩论，尽管我能理解我表达的看法背后蕴含的那些经济学方法论文献中的观点，但是我决定要让本书的主要观点能够而且因此应该（一种非传统的观点）以非经济学家可以理解的方式展现给读者。如果这一初衷被证明过于乐观，那么对于在遥远的过去学过经济学入门课程的那些人，书中的主要思想应该是可以理解的。因此，我请我的经济学家同行们在我解释他们会觉得非常基础的材料时要有耐心。与此同时，非经济学家们将遇到抽象的材料，我提请这一类读者设法看到任何难于理解的理论思想背后的画面。

我在撰写本书的过程中，相继得到很多人的慷慨帮助，才使本书得以完成。他们中有些人的著述使我形成了对这些问题的思考方式，其中我想特别感谢已故的鲍勃·科茨（Bob Coats），没有他的鼓励与劝导,我可能永远也不会开始思考这些作为本书写作起点的问题。马克·布劳格(Mark Blaug)和凯文·胡佛(Kevin Hoover)对书中介绍的有关实证研究的思想有着重要的影响,乌斯卡利·梅基(Uskali Mäki)和马塞尔·博曼斯(Marcel Boumans)编辑的论文集对本书的重要性远远大于引述本身可能反映出来的。

我能够从初稿进展到现在的终稿,主要原因是我得到读者们强烈的批评。马克·布劳格、凯文·胡佛、史蒂文·梅德马(Steven Medema)及两位匿名读者,阅读了本书的初稿,并提出有益的修改意见。布拉德利·贝特曼(Bradley Bateman)对主要章节提出了宝贵的建议,并与我讨论了其中的许多观点。菲利普·汉森(Philip Hanson)和罗伯特·韦德(Robert Wade)也对某些特定的章节提出了有益的建议。

然而,我在学术方面[非学术方面要感谢我的妻子安(Ann),对任何一个曾花去那么长时间去写一本书的人来说,家人的付出都是不言而喻的]主要感激我的编辑、剑桥大学出版社的斯科特·帕里斯先生(Scott Parris),他极富耐心,不止对一稿提出详细的修改意见,还指导我重新调整书稿结构。同时,也感谢史蒂文·梅德马与我一同讨论我们共同撰写的论文中要表达的主要观点,我们主办了一个有关经济学家与市场的长期研讨会,主要围绕他最近出版的新书《犹豫之手》(*The Hesitant Hand*),还有我们一直在一起做的研究。他不仅对整个书稿提出了自己的意见,而且阅读了几个章节的多个版本,设法(尽管不能总是成功)对我进行匡正。

罗杰·E.巴克豪斯

2009 年 11 月

目　录

第 1 章 导 言

为什么谁都没有看到它的来临？

2008 年 11 月 5 日，英国女王伊丽莎白二世在伦敦经济学院参加一栋新建大楼的落成典礼。当谈到信贷危机时，她转过头来对在场的一些经济学家说："这糟透了。为什么谁都没有预见到它的到来？"新闻记者则毫不客气，更为直言不讳地谴责经济学家。在曾任《泰晤士报》（*Times*）经济学栏目编辑的阿纳托尔·卡莱茨基（Anatol Kaletsky）看来，"经济学家是罪魁祸首"。（2009 年 2 月 5 日《泰晤士报》）。《卫报》（*Guardian*）经济学栏目编辑拉里·埃里奥特（Larry Elliott）断言："作为一门专业，经济学不仅对什么原因导致世界走到金融崩溃边缘这一问题无言以对，而且也极为缺乏兴趣"（2009 年 6 月 1 日《卫报》）。在同一份报纸上，西蒙·詹金斯（Simon Jenkins）撰文将这一失察归咎于"经济学家将无所顾忌地为政府提供其想要听到的政策建议视为己任……这个现代职业团体说，不要搬弄是非，这样才能确保得到指数化退休金。"他指出，整个经济学界已"陷入崩溃"（2008 年 11 月 2 日）。

更为值得关注的是，杰出的经济学家们认为经济学界已经走入歧途。曾在一些世界顶级经济学系——麻省理工、耶鲁和普林斯顿——度过自己学术生涯的诺贝尔经济学奖得主保罗·克鲁格曼（Paul Krugman）也赞同这样的观点：经济学家和金融家、银行家及政策制定者都同样对此次危机负有不可推卸责任。他评论道，"经济学界之所以步入歧途，是因为从整体上来看，经济学家们将披着光鲜的数学外衣的美误认为是真理"（2009 年 9 月 6日《纽约时报》，*New York Times*）。

这一指责不可轻视，因为克鲁格曼要指出的是，不仅经济学家犯了某些错误，而且他们的失误深深地根植于经济学界的核心价值观。

这些批评意见并不是孤立的。它们反映的不只是在英国，也包括美国、欧洲，而且毫无疑问，还有受到经济危机影响的大多数国家，人们普遍持有的态度。此次失误是 20 世纪 30 年代以来最大的经济政策失误之一，随之而来的是，新闻媒体对经济学界一直在进行负面的报道。然而，仅在那之前的几年，它所呈现给公众的形象却是迥然不同的——不仅是成功的而且是洋溢着自信的——学科形象。经济学曾是破解万事之谜的钥匙，正如出现在书摊上的诸多书名所显示的那样：《长明灯：经济学如何照亮世界》（*Everlasting Light Bulbs：How Economics Illuminates the World*，Kay，2004）、《怪诞经济学：一位另类经济学家对事物不为人知的一面的解释》（*Freakonomics：A Rogue Economist Explains the Hidden Side of Everything*，Levitt and Dubner，2006）、《性越多越安全：经济学中的非传统智慧》（*More Sex Is Safer Sex：The Unconventional Wisdom of Economics*，Landsburg，2007）、《生活的逻辑：包罗万象的新经济学》（*The Logic of Life：The New*

Economics of Everything，Harford，2008)、《经济自然主义者：经济学为何几乎能够解释一切》(*The Economic Naturalist：Why Economics Explains Almost Everything*，Frank，2008)。

在对待经济学的态度上发生的这种改变不足为奇。驱动经济从繁荣走向衰退再回到繁荣的力量，对大多数人来说仍然是一个谜。在繁荣时期，人们可能将深奥难懂的事情，比如信用违约掉期、债务抵押债券或伦敦银行间拆借利率，留给专业人士来办理，相信他们了解自己在做的工作。只有在出现问题时，人们才发出质疑之声，并要求对动用纳税人数十亿美元、欧元和英镑的资金支持金融系统做出解释。

还有比这更重要的是：对经济学的批评并非始于2007年7月至9月的银行业危机。远在此之前，对经济学的不安就由来已久。因此，黛安娜·科伊尔（Diane Coyle），前英国《独立报》的经济版编辑、《性、毒品与经济学》(*Sex，Drugs and Economics*，2004，这本书秉承"经济学是解开一切问题的钥匙"之衣钵）的作者，看到了弄清是非曲直的必要性。从她第二本书的标题可见，经济学并不是"沉闷的科学"——它是《触动灵魂的科学》(*The Soulful Science*，2007)。她在该书中阐明，经济学家已经开始认识到革新在经济增长中的作用以及如何去设计最终使贫穷成为历史的政策，并有意回避了在前一本书中倍受欢迎的主题。她认为，经济学的批评者们完全不了解这门学科。

科伊尔的目标读者是她称之为"政策知识圈"的群体，该术语描述的圈子包括《纽约时报》、《卫报》或法国《世界报》(*Le Monde*) 评论专栏撰稿人，还有出自政策智库或在美国《新共和》(*New Republic*) 或《国家》(*Nation*) 杂志上发表的长篇大论的作者。在使经济陷入衰退的金融危机爆发之后，她的主张可能显得过于乐观，尽管如此，她的许多观点都切中要害。然而，她忽视了这样的一个事实，即对经济学予以批评的人并不都是新闻记者；他们还包括经济学界的内部人士——不赞同主流经济学思想的学院派经济学家。

最近的一个例证是《经济学与经济的对峙》(*Economics Confronts the Economy*，2006)。在这本书中，菲利普·克莱因(Philip Klein)指出，大多数经济学家都参与了兜售一成不变的自由放任主义世界观的活动。他认为，经济学的面孔未有改变是因为学院派经济学受制于顶级学院（芝加哥大学、麻省理工、斯坦福、哈佛等）的一小撮经济学家，这些人负责主要期刊的编辑工作，扮演着阻挡新思想出现的角色。克莱因指出，该学科的大部分研究所具有的特点是使经济学琐碎化(trivialization)，且不顾为其付出多少代价，只一味地追求风格优美。如果我们到别处看看，就会发现富尔布鲁克的《经济学之乱象指南》(*A Guide to What's Wrong with Economics*，Fullbrook，2004)，在该书中，有多达 27 位作者撰写的文章，记述经济学这门学科中存在的各种根本性缺陷；或者斯蒂文·马格林(Steven Marglin)的《沉闷的科学：经济学家的思维如何逐渐削弱社会》(*Dismal Science*：*How Thinking Like an Economist Undermines Community*，2008)，从其书名即知其主题思想。这些书都是在附和许多非正统经济学家的观点，他们深信，大多数正统派同僚们正在将经济学带入歧途。

那么，聪明智慧、显然是博学识广的经济学家为什么对自己所研究的学科抱有如此不同的看法？换言之，为什么一位经济学家认为该学科正在成功地解决社会所面临的问题，而另一位则认为这个学科是在致力于建立抽象的、脱离现实世界的理论学说？如果要弄清现代经济学的意义，就需要对这些问题做出回答。

若知这一讨论的来龙去脉，就要弄清楚这些问题并非经济学所独有，这一点非常重要。当然，经济学比自然科学表现出更多的异见。物理学家可能质疑宇宙是否始于一次"大爆炸"或对如何解释重力持不同见解，生物学家可能对具体的进化过程有不同观点。这只不过是说在科学领域存在很多悬而未决的问题。但这类争论是在一个得到普遍接受的框架内进行的：物理学中的定律不能被轻而易举地否定（尽管偶尔也可能从某个新视角来看待它们）；在生物学中，物竞天择的进化原则是不容质疑的，尽管对进化的方式可能还在争论之中。但在社会科学中，存在着根本的分歧，而且仍未得到解决。社会科学所涉问题的复杂性和人类社会不断演变、形成人们以不同方式相互影响的制度的方式，意味着社会科学永远也不可能拥有像自然科学那样赖以存在的、牢固的实证基础。

尽管如此，经济学还是有些与众不同。这一领域一直有着比大多数其他社会科学更强的学科认同，对其学科核心内容由何构成，有更加一致的意见。在这方面，它比它在社会科学中的强大对手更加接近自然科学，比如心理学。心理学具有所谓的"多变认同"（protean identity）：它是一个"交叉学科"，包括难以协调一致的方法，如行为主义和精神分析；在学科内部，对一些（对外人而言）基本的东西，如"心灵"（the mind），是否是一个有意义的概念尚未形成共识。同样，对于社会学，尽管有些人主张将其视为最主要的社会科学，但它的多样性，甚至使任何人都可以质疑是否有可能谈论单一的社会学而不是社会科学中包含的多种学科。同样地,政治科学包含多个学科(政治理论、政治行为和国际关系),彼此间有明确的界线。

但是,并不能将经济学所具有的强烈的学科认同理解为像在自然科学中所发现的那种共识,因为一直有经济学家不赞同那些在大多数同行看来是所有的经济学家都应该接受的基本假设。在某些情况下,这种分歧足以使异见者不再与其他经济学家进行沟通,以致两者渐行渐远,而异见者创建倡导其他研究经济学的非正统途径的共同体。因此,当信贷危机令人们对关于放松金融市场管制之益处的传统智慧产生质疑时,就有一些一直以来都对放松监管后市场的稳定性表示怀疑的群体随时准备宣称,他们对世界的看法已被证明是正确的。

控 诉

近年来有人对经济学深表忧虑的一个明显例证是所谓的"后自闭症经济学"(Post-Autistic Economics)运动。在 2000 年 6 月爆发的这场运动中,法国巴黎高等师范学院(École normale supérieure)的一群学生发表了一份请愿书,对经济学的现状及其教学方法表示不满。他们宣称,经济学已经变得只关心虚构的世界,数学技法本身已经成为经济学研究的最终目的,而经济学的教学亦是愈发过分地教条化:

> 我们大多数人选择学习经济学是为了深刻理解今日公民所面对的众多经济现象。但是,在很大程度上,建立于新古典理论基础上或源于新古典理论的方法而来的教学模式,通

常不能满足我们的这一期望。实际上，即使在经济理论最初忽略偶然事件有其合理性的时候，也几乎没有采用必要的方式回归事实。来自经验方面的内容（历史事实、制度的运行、对行为主体的行为和策略的研究……）几乎是不存在的。此外，在教学中存在的这一空白，这种对具体现实的漠视，都给那些有志于为经济和社会活动的参与者们提供有益帮助的人造成了巨大的问题。（Fullbrook，2004，第2页）

这场抗议激起了强烈的反响。法国的一些经济学教师发表了他们自己的请愿书，对学生们所提出的经济学教学多元化的要求做出回应：教学已与现实脱节，解决这一问题的正确方法是拓宽课程设置。只有更为多元化的经济学才能培养批判性思维能力，使学生能够对经济学中不假思索就使用数学的现象提出质疑。2000年6月21日，这一问题进入公众视野，就在这一天，法国《世界报》出版了一集专题文章，刊出了几位经济学家支持学生主张的文章。法国教育部长也介入了这一事件，并委任专人撰写一份反映法国经济学教育现状的报告。

这场争论并不只局限于法国。美国的一些杰出经济学家也参与到法国的这场辩论之中，有些人还为经济学现状做出辩护。2001年6月，剑桥大学的一群博士研究生散发了一份请愿书，批评经济学的狭隘性，呼吁对其学科基础展开争论。他们收集到来自世界各国的数百名学院派经济学家的签名。为了保证这场争论可以继续下去，还有人利用互联网，并使用法国学生请愿书中用到的一个词语，设立了"后自闭症经济学网"（Post-Autistic Economics Network）。"自闭症"一词是隐喻的用法，意指经济学家失去把握事物之间相互关系的洞察能力，只重视一种方法而排斥其他方法，而且其研究方法与现实世界无任何有意义的联系。

如果这是一个孤立的事件，那么对后自闭症经济学的激烈争论也就没有多大意义了。几百个签名可能听起来像一个很大的数字，但是它们代表的只是世界经济学家总人数中的极小部分（美国经济学会就有 2 万名成员），甚至也只占法国学习经济学人数的一小部分。可以肯定地说，对于经济学界的大部分人而言，甚至在他们听说这件事情后，并不觉得这件事十分重要。大多数经济学家都可能与罗伯特·索洛（Robert Solow）的反应一致——这些批评意见对经济学存在误解。索洛是麻省理工的教授，因在增长理论方面所做的工作而获得诺贝尔经济学奖。他被普遍认为是一个思想开明的人，也就是应该会同情学生们对经济学更加多元化的要求的那类经济学家。他在法国《世界报》（2001 年 1 月 3 日）上撰文指出，任何值得认真对待的替代理论都必须遵循逻辑原则，以事实为依据，谨言慎行，而他尚未能够想到有哪一个"替代方法"满足了这些标准。索洛声称，认为有价值的替代方法一直无人问津的看法是错误的：受法国学生们所反对的美国经济学的主流地位，不过是因为美国学术体系的规模和竞争力使然。

但是，法国学生的抱怨并不是孤立事件。2003 年，哈佛大学的一些学生也有过类似的争论，并希望开设对传统思维方式有更多批判的课程。对博士教学方案内容的忧虑并不局限于学生。在 20 世纪 80 年代末，就有一份调查引起人们对博士课程内容的关注。该调查发现，学生们对所学内容疑虑重重，而且博士生们普遍认为：许多接受过顶级研究生课程训练的人，都没有足够广泛的经济学基础教育，无法胜任文科院校本科生的教学工作。问题是经济学研究生们学会了先进的数学方法并能够证明公理，但他们对经济制度、经济统计、政策制定中存在的问题等都一无所知。对通过经济学课程而言，精通数学方法和解决难题的能力比了解任何经济现象都更加重要。为了获得成功，学生们要善于玩智力游戏，却不需要考虑是否揭示了现实世界的真实情况。为此，美国经济学会（American Economic Association，简称 AEA）成立了一个经济学研究生教育委员会（Commission on Graduate Education in Economics，简称 COGEE），后者编制了一份建议推行系列改革的报告，可是情况并未因此产生多少变化。

许多经济学家都认为，经济学课程设置变得过于狭窄，且过分重视数学技巧。有些人对使用数学理论本身并不反对，他们仅仅是想要鼓励更广泛、更开明的经济学研究方法。对他们来说，"自闭症"这个隐喻只是暗示正确判断力的缺失，即经济学把孰轻孰重搞错了顺序。这些经济学家也做技术性强的研究工作，在核心期刊上发表文章，与安于现状的同事一起工作，他们只是赞同变换一下方向。

但是，也有其他一些人提出更进一步的批判意见。这些人是非正统经济学家（heterodox economist），他们作为经济学家的身份依赖于旗帜鲜明地反对在经济学中处于主导地位的正统经济学。正统经济学有时可以根据对经济抱有的特定信念来界定；而更多时候，非正统经济学则强烈反对论证这些原则的合理性时所用的方法。对得到普遍接受的研究方法和实践如此大规模地加以反对的一个好例证就是托尼·劳森（Tony Lawson）所著的《经济学与现实》（*Economics and Reality*，1997）。劳森指出，正统经济学理论以及为将该理论应用于来自现实世界的数据而采用的统计方法是有缺陷的,因为那只对显出稳定的实证规律性的世界才适用。他声称,在经济现象中发现不了这种规律性,因此整个研究其实徒劳无果。他对主流经济学思想的反对是如此坚决,显然不可能做出妥协:大多数经济学家也必然会立即反对这本书,无疑它只会引起少数经济学家的喜欢。然而,这本书显然引起了新闻工作者以及经济学界内外一些学者的共鸣。对于很多人来说,标题就能说明一切——经济学已经被广泛地认为失去了与现实的联系,而这本书勇敢地正视了这一点。奥默罗德(Ormerod)的《经济学之死》(*The Death of Economics*,1994)也引起相似的反应。与伦敦西区一个剧目的标题相呼应,批判经济学的几篇文章用"请不要谈现实,我们是经济学家"这句话作为标题。对经济学家的怀疑已愈加深入。

非正统经济学家们经常回顾诸如卡尔·马克思(Karl Marx)、约翰·梅纳德·凯恩斯(John Maynard Keynes)、托斯丹·凡勃伦(Thorstein Veblen)(他批判19世纪末美国的"有闲阶级",也批判19世纪末面对马克思主义的批评、捍卫自由市场经济的奥地利学派)等人的思想,并从这些历史人物身上找寻灵感。那些非正统经济学家们有一个共同特征,即他们没有一个人从事现代技术经济学研究。在每一种情况下,他们都声称正统经济学没有看到他们所钟爱的经济学思想的全部要义。例如,后凯恩斯学派认为,尽管正统经济学家们从凯恩斯那里学到了一些知识,但他们还是未能理解他对根本不确定性(即,不可能赋予有意义的数字概率的不确定性事件)的论述的重要意义,而且这给正统经济学埋下了致命的隐患。其他的非正统经济学家们则受特定的关注点所驱动。对于激进政治经济学联合会(Union for Radical

Political Economy）而言，其关注点是公开的政治议题：正统经济学没能考虑到阶层、权利和收入分配。女性主义经济学指向正统理论中隐藏的性别化的假设，其目的是使经济学免受这些偏见的影响。

很多学科都会引起反对者的批评，然而很少有实践者认真对待反对者。比如，存在顺势疗法等"另类"医学治疗方法的支持者、信奉"神能设计"而非进化论的神创论者，以及通灵者和占星家，就足以说明问题。在大多数情况下，他们被当作怪人而受到忽视。在学术期刊中的同行评审，归根结底，是要确保只有值得尊敬的研究成果得以公开发表，而且职业资格的审定就是排除在类似医学和心理学等领域中不遵循习惯做法的那些人。非正统经济学家能感觉到他们在自己同行中所占的地位是微不足道的，普遍存在的对他们所做工作的藐视证实了这一看法。但是，非主流的思想是在我们周围已经存在了很长时间的一种现象。

辩 护

大多数批评者撰文批评说，经济学受到正统思想的统治，规定必须运用高度抽象的特定理论和严格限制的方法，借此排斥认真对待现实问题的研究。对此，一般的反应是，这一批评即使曾经是正确的，但现在确实是过时了，几乎就相当于是对该领域所发生情况进行了夸张的描述。比如说，在20世纪60年代，或者甚至在20世纪90年代，情况可能如此，但是全新的经济学研究方法大量出现，对经济学方法有限性的指控是不可能持续下去的。如果说该学科确有主要理论框架，那就是可以用于分析战略和权力问题的博弈论,而不是批评者经常关注的一般竞争均衡理论。此外,因为博弈论产生的是对背景高度敏感的结果,所以这迫使经济学家注意制度上的具体细节。这类细节可能包括进行工资谈判所遵循的程序、经理人员所得总薪酬、建立新公司的障碍,或者反竞争惯例的运用。

不仅是这样,而且经济学家已经能够运用"极为抽象"的理论帮助创建以前根本不存在的市场。约翰·麦克米兰(John McMillan),这位职业生涯因在 2007 年英年早逝而终止于斯坦福的新西兰人,曾专门研究过拍卖理论,在他写下《重造市场》(*Reinventing the Bazaar*,2002)这部书时,他考虑的现象不仅是政治人物用市场方案解决经济问题时带来的,也是经济学家应用自己的理论解决真实世界中存在的问题而导致的。理论使确定市场在何处能够发挥作用以及应该如何加以设计成为可能。同样地,批评者长期以来一直对"实验经济学"怀疑满腹,因为在实验经济学中,作为研究对象的人必须在一个有研究者监视其行为的受控环境下作出决策。但是,这类实验,如博弈论一样,已经被用于帮助设计新市场以及解决现实世界的问题。

经济学还变得更侧重实证,而非像批评者所言那样脱离现实。参与了普林斯顿大学招聘过程的该校教授安格斯·迪顿(Angus Deaton)研究了 2007 年美国学术性工作求职市场情况,他观察到,寻找工作的博士生们提交基于大量实证研究的论文,即搜索大数据集后所得的研究成果,已变为常态(*RES Newsletter*,2007 年 4 月,第 5 页)。他遇见的主题包括佐治亚州的监狱假释制度、非洲的艾滋病、印度的儿童免疫、报纸的政治倾向、娃娃兵、种族定性、休闲方式选择、蚊帐、治疗白血病、儿童发展、战事双方的关系、电视、双语能力和民主。将研究主题清单全部列出，是为了说明其多样性。此外，迪顿断言，这些论文中没有几篇大量依靠经济理论或者最先进的计量经济学（统计）方法。他所遇到的大多数求职者在传统的价格理论方面都很薄弱，但是却具有相当强的数据处理技巧。

表明经济学领域已经发生诸多变化的最佳例证之一是金融理论。在20世纪80年代和90年代期间，有越来越多的证据表明理性行为假说不能解释股票市场的价格波动：价格的波动远远超过譬如公司利润等"基本原理"能够解释的范畴，然而如果投资者是理性的，这些原理本应该是可以给出合理解释的。为了解释这种情况，经济学家转而求助于心理学。投资者可能不假思索地认为过去的发展趋势将延续下去，于是就投资于价格已经上涨的股票；他们可能将成功的投资归功于他们自己的技能，而将不成功的投资归咎于运气不好；或者他们可能过长时间地持有某些股票，因为承受损失令人感到痛苦。讲述为何某些股票一直表现很好（或许是因为某种"新经济"的出现，或者由于互联网提供了新的利润来源）的故事可能开始流传，这些故事显然经不断上涨的股票价格而得以证实，致使投机泡沫发展起来。所有这一切都可以被用于解释所谓的"过度波动"现象。为了验证此种从心理学或"行为学"角度做出的解释，经济学家构建了实验：他们让身处于实验室中的受试者在受控条件下制定投资决策（赚真钱，尽管他们可能的回报和亏损少于他们可能在股票市场上所得到的）。经济学家们也努力寻找"自然实验"（natural experiment），比如管理制度较为薄弱的国家突现的经济繁荣和崩溃，如1996—1997年间的阿尔巴尼亚。

他们为何对同一学科抱有不同看法？

支持者们认为经济学与现实世界密切相关，为经济学家提供了可以解决根本问题并给予政策指导的工具，而批评者们则认为它是毫无现实意义的数学形式主义，不仅没有现实意义，而且肯定是有害的。对于同一件事情怎么会有如此不同的看法呢？

一种可能的解释是：人们考虑的是不同的事情。鉴于研究一旦进入公共领域，人们可能选择最佳者而忽视较次者，所以该学科的捍卫者们自然着眼于最佳例证，因为这样做至关重要。毕竟没有多少人希望根据《不可复制的研究结果期刊》（*Journal of Irreproducible Results*）或《不可思议研究年报》（*Annals of Improbable Research*）① 上引人注目的研究来评判科学。而另一方面，批评者们可能关注的是"一般的"学术研究成果，甚至会针对那些数量更多的缺乏独创性、价值更低的常规性研究工作。经济学涉猎范围很广，因而关注不同的领域就可能会看到迥然不同的情况：例如，《经济理论期刊》（*Journal of Economic Theory*）或《数理经济学期刊》（*Journal of Mathematical Economics*）上刊载的文章——与现实世界的关联性不十分明显——通常比《美国经济评论》（*American Economic Review*）上的文章更偏重数学方法，更为抽象，更不必说《布鲁金斯经济活动论文集》（*Brookings Papers on Economic Activity*）或应用领域的期刊了。某一期刊认为不适合读者而拒绝发表的文章经常会受到另一不同期刊的青

———————————
① 两者都是实际存在的搞笑期刊。——编者注

睐。然而，尽管经济学极度多样化，许多经济学家已成为相对狭小领域的专家，但这并不是故事的全部：一定有某种原因导致经济学家无法看到自己领域之外的情况。此外，这也无法解释为什么不同的经济学家对是什么构成令人信服的论证持有非常不同的标准：对某些经济学家而言，最终让人信服的是基于理论的论证；而对其他经济学家而言，没有统计证据作为支撑的理论是不能令人信服的。

　　这个问题的另一个方面是研究与教学之间的差距。有一些批评者关注的是经济学的教学（这是最初使巴黎的学生们颇感不满之处，进而引发了本章前文所提到的经济学研究生教育委员会报告的出炉），但是那些为经济学的生命力而进行辩护的人关注的则是最新研究。发现研究成果与在校学习课程之间的确存在一定的滞后性，并不会令人感到吃惊，这几乎是必然的。戴安娜·科伊尔，现代经济学的捍卫者之一，曾呼吁教师们更新课程，别让有潜力进入研究生阶段学习的人因接触到的理论未传递在经济学最新研究中所发现的令人兴奋的成果而远离经济学（*RES Newsletter*，2007年4月，第10页）。但是，这仍然不可能是全部的解释：一方面，很多批评者的确只关注出现在最先进课程中的研究和主题；另一方面，人们也不禁要问：为什么研究与教学之间有如此大的鸿沟？的确，两者之间会存在一定的滞后性，但是却没有任何办法能够解释人们的认知为何如此不同。

　　更为可能的原因是某些经济学家完全根据经济学与政策的相关性来评判经济学，而其他人则视其为一门"更纯粹"的科学。毋庸置疑，这其中确有差异，但是他们都没有捕捉到正统与非正统观点形成对比之处。实际上，他们引出这样一个问题：经济学家何时及如何判断根据他们的分析而得出的政策结论是合理的。再者，政策相关性与纯科学之争可能只是故事的一部分，但并不能完全回答上述问题，因为它回避了下面这个问题：对什么是经济学，大家的看法如此不同，而经济学家对此却毫无察觉，怎么可能是这样? 自然地理学和人类地理学是两门截然不同的学科，这可能是因意见分歧而产生争执的源头，在某种程度上说，他们在"地理学"的称谓下有时是很难共存的。然而，这种彼此相悖并未导致该领域出现混淆不清的现象。各种心理学或社会学亦未如此。经济学有一些特殊。

还有一种可能性：这种分歧可能是意识形态问题。非正统经济学派的特点之一是：他们中许多人都是与特定的政治立场相关联。奥地利学派经济学家清楚地表明，他们完全相信自由市场，通常对国家干预抱有敌意，究其原因既有政治的也有经济的，其思想起源可以追溯到19世纪末由维也纳的经济学家们所形成的一个经济思想流派。激进派、后凯恩斯主义、旧制度学派和马克思主义都认为国家应发挥决定性的作用。与此相反，尽管正统经济学家无疑抱有一定的意识形态立场（不可能是别的），尽管与其他社会科学家相比，经济学家一般在政治上或许较为右倾，但对他们进行的学派划分，至少更深层次地来说，是以某些政治信念为前提的。然而，当有人质疑经济学主要学说时，某些正统经济学家颇为震怒，这足以说明，意识形态的重要性超出了所谓"科学性"的要求。不然经济学家为何对广泛报道的戴维·卡德（David Card）和艾伦·克鲁格在20世纪90年代中期的研究结果——新泽西州实施最低工资后，与没有最低工资规定的邻州宾夕法尼亚相比，就业率并未得到提高，甚至反倒是有所下降——

反应如此强烈。这方面的证据可能已经受到质疑，但是经常发表
在主要期刊上的许多实证研究也少不了这样的质疑，却没有招致
相同程度的批评。此外，发现最低工资的效果微不足道，这并未
令人感到意外，因为数十年来经济学家一直在想方设法发现实行
最低工资标准与失业之间的关系，却从未获得成功。另外，主流
经济学家为什么将对自由贸易的任何攻击比拟为占星术，视作是
不值得认真对待的事情？毕竟，即使从长远看，实行自由贸易是
有益的，通常还是免不了有需要与利益作权衡的成本。

　　或者只是像许多正统经济学家主张的那样，对经济学领域
所发生的一切提出质疑的那些人，他们从未掌握必须的专业技
能，所以不能理解正在发生的一切？他们声称，非正统经济学家
甚至都不阅读最新的文献，且坚持采用过时的方法来做经济学的
研究。另一方面，或许是因为正统经济学家如此钟情于他们投入
那么多时间学习的工具，因而才不能从更加广阔的视角审视他们
研究的学科中正在发生的事情？但是在这两种情形中，都很容易
指出一些例外，使这样简单的回答产生一些问题。有一些正统经
济学家，知识面较广，能够博采众长，拓宽视野，不受经济理论
的限制，借鉴历史学、社会学、心理学和哲学等学科知识所作出
的综合解释超越了任何正统经济学范式。也有非正统经济学家娴
熟掌握技术材料，使他们如果愿意在更多的正统经济学领域开展
工作的话，就能够这样做。

解　谜

　　那么，经济学是最严谨的社会科学吗？或者只不过是自由市

场意识形态的表述而已？是否有一些与经济学有关的东西，可以解释对经济学的贡献一直存在迥异观点的原因？若要回答这些问题，最好从实例开始，去看看经济学家在处理经济政策问题时发生了什么。这样做的原因并不是要将注意力从受批评者攻击的抽象理论转移开来；而是因为只有在那里我们才能发现经济学能够和不能够做什么的证据。因此，第2章至第5章对从二氧化硫排放、到俄罗斯向资本主义转变、再到近期货币政策的系列案例研究加以探讨。选择这些案例研究的原因是因为它们说明了这一学科的优劣势。接下来的第6章至第9章从历史的视角介绍构成今日经济学的思想体系和方法。采用这一视角的原因，是要通过直接研究经济学家是如何使经济学科学化，又是如何处理意识形态和异见问题的，来设法理解今日经济学运用的各种方法。这些问题的答案都隐藏在二战以后这门学科中所发生的事情之中。这些主题于是被归纳到一起，放入第10章，通过反思创造经济学知识所采用的各种不同方式，反思经济科学与经济神话及其批评之间的关系，我们设法理解现代经济学，避免不加批判地一味赞扬和一味指责的危险。

第一篇

经济学的作用

如果我们要了解经济学的现状，就需要解决经济理论问题。因为较之任何其他社会学科，经济学受建模的影响更大。经济理论一般都要求研究各种背景下理性选择所产生的影响。这可以通过数学方法来进行，或者可能只要求运用逻辑分析，然后用日常语言来表述。同样地，实证（或应用）研究工作一般要求建构模型，这与理论研究有所不同。它们包括来自于统计数据的数字。对现代经济学较为乐观者及其批评者抱有的完全一致的看法是：建模对这一学科十分重要。他们意见不一致之处是：这些理论是否告诉我们许多有关世界的有益认知。

以第 1 章开篇所引用的认为经济学可以解释一切的那类著述为例。在这些文献中，有许多都以数据分析为基础，但却得到自相矛盾的结果，比如堕胎与犯罪之间的关联或婴儿起名模式等。这其中没有涉及多少正规的理论，更谈不上数学知识了，但是，这些著述证明，依据理性经济人的假说如何可以对实证结果做出解释，让人们看到经济学的力量。其启示是，简单的思想可以解释许多不同的事情。另一方面，批评者认为，经济学的问题在于将人视为追求利益最优化的理性经济人，这就要求接受对人类行为的一种过分简单化的一维描述。正反双方都在研究同一理论，但却得出截然相反的结论。

　　解决这个问题的方法并不是那个最显而易见的方法，即，从抽象的经济理论入手；最佳方法是从运用经济学解决问题时所发生的实际情况入手。经济理论和经济学家为了运用他们的理论而发展出来的方法，其价值取决于应用这些理论解决现实世界问题时所发生的实际情况。第二篇中四章内容的选取不是因为它们提供了经济学家所做工作的全面描述，而是因为他们提供了经济学家所解决的重要问题的一个具有代表性的样本。它们也尤为清楚地说明，在何种情况下经济学显然发挥了作用，在何种情况下没有起到作用。

　　从这些章节中得出的结论是：当问题得到严密和准确地界定，当所涉及的行为主体是在易于理解的限制条件下行事，当其行为动机易于把握时，经济分析的作用是相当强大的。尽管情况并不总是如此，但是金融经常被认为是理性或利益最大化的选择理论最为适用的典型范例。其行为主体是专业的知情交易者，他们的目标由清晰界定的变量组成，如证券投资组合回报率和所面临的风险。在金融领域，交易额足够高，市场按业内熟知的规则组织得足够好，交易者面对的约束条件一清二楚。在金融领域，经济学家声称取得巨大成功：费希尔·布莱克（Fischer Black）和他的同事（在第 6 章中加以讨论）对他们想要创造出来的世界有一个愿景，而且他们也能够将其创造出来。现实是根据理论创造出来的。当然，2008 年的金融危机表明：问题是存在的，但这并没有削弱他们的这一主张，即在有限的范围内，金融理论是非常成功的。对于美国酸雨项目和英国 3G 通讯频谱拍卖（见第 3 章）可以做出类似的评议。其相关的行为主体是有明确目标的专业人士。面对一套极为明确的规则时，他们的行为方式与经济学家的预期相符，因而，政策制定者取得了他们渴望得到的结果。在美国酸雨项目中，他们甚至设法成功设计出一个系统，能够应对突发事件。

当目标明确界定，以及当人们的行为方式与经济理论所作出的假设相一致时，经济学得以发挥最佳作用，这毫不足怪。然而，这些例子中有一点值得反复强调：经济学的成功至少部分有赖于创造出一个经济理论可以适用的环境。其最佳实例是金融市场。在第5章所讨论的经济理论发展出来之前，金融市场并不像是经济理论讨论最多的"完美"市场；针对某些类型交易的法规和法律壁垒不计其数。但是，在劝说人们做出改变，以便创造出新市场的过程中，经济思想发挥了重大作用。经济理论，用一些社会学家钟爱的术语来说，是"表述行为的"（performative）：某些理论的运用致使人们创造出了一个可以应用这些理论的世界。

然而，在考虑的情况更广泛时，随其而至的各种麻烦开始显现出来。3G通讯频段的拍卖就对该行业的结构带来了意想不到的影响。对冲基金的创立（在第6章讨论）可能使信息灵通的投资者收获颇丰，但对其他人却可能产生了有害的影响，甚至造成了全然始料不及的金融危机；新型金融产品的开发可能让懂行的人收益颇丰，但却给许多其他人带来灾难性的后果。设定通胀目标的政策（亦在第6章中加以讨论），在引入后的十年中，似乎成功促进了经济的稳定发展，尽管该政策的广泛效果尚难断定。2007年发生的次贷危机及随之而来的经济衰退进一步强化了这些怀疑。从这些多种多样的情况中，所得到的经验教训是，在判断成败时，应该特别注意所使用的评判标准。在所有这些情况中，若是根据相对狭窄的标准来对应用经济思想所取得的成果进行判断，经济学似乎已经取得了巨大的成功；但是倘若考虑的范围较宽泛时，情况就变得不十分明朗了。

对苏联从社会主义向资本主义转型的情况进行经济分析时，其局限性变得更加明显（见第 4 章的论述）。在整个社会都在发生变化时，不可能把经济问题与政治和社会问题分开来予以研究。未能实现灾难性较小的经济转型（而且任何将预期寿命减少了 10 年的转型只能被描述为灾难性的）可能意味着作为这次转型基础的经济理论从根本上说是存在缺陷的，但它可能同样也反映出要管理的这次转型不可能得到理想的结果。苏联社会崩溃得如此之快，因而防止其陷入混乱的可诉诸的措施极为有限，而且无论采纳的是什么经济建议，苏联社会实际遵循的路径或许已经是最好的了。

然而，尽管快速转型可能是不可避免的，但这并不证明支持它的经济学家是正确的。经济学家似乎犯了错误，他们没有看到当下苏联社会是如何运转的，于是乎也就未预见到放松管制和私有化将会带来的不良后果。人们发现，通过操控制度就可以大捞一笔，去从事生产性活动并不划算——毕竟在苏维埃时期，人们已经学会了如何让这一制度运转。苏联转型的经验表明，市场经济若要平稳运行，不仅需要摆脱政府的干预，还需要比这种自由还要多得多的东西。它需要精心设计的制度结构。从广义而言，"制度"这一术语涵盖的不只是市场赖以存在所需的财产权和基础设施，也包括与之相适宜的思维习惯。此外，要了解在俄罗斯所发生的一切需要大胆地走出经济学的视野，因为这些事件表明，经济发展与俄罗斯社会和政治的特征交织在一起，错综复杂。

　　从有关全球化的探讨中可以得出类似的结论，这在第 5 章加以论述。对于在严格界定的一些制度中的少数几类动机所产生的影响，经济理论具有非常强大的分析方法，但是在考虑整个社会的转型时，必须关注范围广泛的人类动机和不受政策制定者控制的制度，还需要涉及心理学和社会学。经济学家正在发展应对这些较宽泛问题的理论，但是他们涉猎的范围仍然有限。一般而言，经济学家的理论只是识别出可能在运行的一些机制，而不是提供有关整个社会如何运转的具有非常普遍意义的理论。总体而言，经济学理论，无论是研究大量公司和家庭之间相互作用的一般均衡理论，还是研究总量的宏观经济学理论，都很少考虑这些制度上的细节，因为最终形成的制度可能难以加以全面的界定，更不用说去解决问题了，即使经济学家对应该采取的方法已经有了一致意见。由于这些问题涉及面如此之广泛，所以现有的理论和证据为智识价值观和意识形态的介入留出了很多空间。

第 2 章　创建新市场

经济学家与市场

　　一直以来，经济学家都非常关注市场。在大多数情况下，他们关注的是市场如何运行——它们究竟是竞争的还是垄断的，它们是否需要受到管制。甚至可能有一些产品（比如在技术可能会导致形成自然垄断的行业，或一个以上的供应商可能会带来浪费的行业中所生产的产品）由政府提供或许要好于由市场提供。然而，人们普遍认为一些商品可以在市场上购买到，但其他一些商品却不能。因此，尽管有出售大米、机动车辆、燃料或水的市场，但不可能有出售像清洁空气这样的"商品"的市场存在。为了实现社会目标，就需要政府提供某些产品并对某些行业实行管制。

　　在 20 世纪最后的十年中，经济学家开始向这一得到普遍接受的观点发起了挑战：他们如第 1 章所述的那样，重新发明了市场。论述政府和管理机构运行情况以及官僚政治的研究文献大量涌现，它们指出，不仅是市场，政府也可能失灵。对政府行为持批评意见的人能够举出很多政府配置资源低效的实例。作为回应，经济学家赞成扩大市场的范围。在此，我们来考虑两个例子：第一个例子是美国为了应对由二氧化硫排放所引起的酸雨问题而创建的市场；第二个例子是为专门留给 3G 移动电话网络使用的那部分无线电视频频谱而创建的交易市场。后者主要关注的是英国的射频拍卖，尽管对美国 20 世纪 90 年代同样的拍卖可以做出相似的评论。

美国酸雨控制计划

1990 年，乔治·H.W. 布什总统签署了《清洁空气法案》第四修正案。该法案建立了一个可交易的排放许可证制度，用以控制发电厂二氧化硫的排放量。通过创建市场来解决环境问题的这个想法是由经济学家提出的，他们所受的训练让他们想到的所有决策都是在关注边际成本与收益之间的平衡。许多非经济学家对这一想法很有敌意，却对管制很偏爱。有一位著名的环境经济学家甚至认为：

在 20 世纪 60 年代末和 70 年代初实施"环境监管"的早期，经济分析在制定和实施环保政策时的作用，受到许多环保主义者的怀疑，在有些情况下，还受到毫不避讳的敌视。经济力量被许多人看作是环境恶化的主要根源，有效的政策必须与这些力量作斗争，而不是与它们合作。早期的多数立法体现出这一观点。例如，在美国，1970 年颁布的《清洁空气法案》禁止在确定环境质量标准时使用成本收益分析法。这些标准的设定是为了保护公众的健康，而不考虑达标的成本。

因此，解决环境问题的市场化方案的出现很大程度上要归功于经济学家。

酸雨是由排放到大气层中的二氧化硫（SO_2）和各种氮氧化物（一氧化氮和一氧化二氮，通常被称为 NO_x，即 NO、NO_2 和 N_2O 的简称）引起的。当这些化学物质溶于水中时，就生成了硫酸和硝酸，随雨降落到地面，给环境和人类健康造成损害。在 20 世纪 70 年代，人们主要关注的是二氧化硫和大气中的硫酸对人类健康的影响。但是到了 1980 年左右，人们对酸雨对环境影响的关注开始增加。在美国，酸雨产生的主要原因是发电，尤其是燃煤发电站所产生的副产品二氧化硫。由于电是必须要发的，所以问题就变为减少发电所产生的每单位热量（用英制热量单位 BTU 计量）或所发的每度电带来的废气排放量的问题了。这种减排可以采用两种方法来实现。一种是给发电站配备叫做"洗涤器"（scrubber）的空气过滤器，在废气通过堆叠在一起的滤块排出时，对其进行过滤，去除二氧化硫。另一种是采用含硫量较低的燃煤来发电。但是这两种方案成本都很高，这就意味着那些只在乎利润的公司不会执行这些方案，除非要求他们这样做或者激励他们这样做。

这里有一个重要又复杂的问题：减排的成本各电厂和各地区相差很大。其关键因素是它们所能购得的燃煤等级不同。一些电站能够轻而易举地将高含硫煤换成低含硫煤，进而能够以很低的成本实现减排。而对于其他一些电站来说，改用低硫煤将意味着到更远的地方购煤，这要支付更高的运费。安装洗涤器的成本也很高，它们的减排效果取决于燃煤的种类：只有在燃烧高硫煤时它们才很高效，转用低硫煤则很昂贵。

在 20 世纪 70 年代，美国政府曾设法通过管制来控制排放。1970 年通过的《清洁空气法案》修正案规定，除了其他措施，新建的燃煤发电厂在每产生 100 万 BTU 热量时所释放出的二氧化硫不能超过 1.2 磅。其假设是：随着老电站被淘汰，这一措施将逐渐减少二氧化硫的总排放量。针对新电站的这种 1.2 磅 / 百万 BTU 的排放标准在技术上是可行的。但是这一政策没有奏效。该管制措施鼓励公司延长又老又脏的发电站的寿命，因为它们不受这些限制措施的管制，所以没有动力去提升现有电厂的效率，无论它们是在所设的标准线之上还是之下运行。由于许多州未履行自己的义务，因而在 1977 年，美国政府对相关法规进行了修正。未履行减排义务的地区受到进一步控制，并引进了新法规，防止低于 1.2 磅 / 百万 BTU 目标值的电力公司通过燃烧更廉价的高硫煤来满足额外的要求（他们不必超过自己的限额就能够做到这一点）。新标准要求所有新建的燃煤电厂都要安装上洗涤器，这就等于不再鼓励使用低硫煤。

另一个问题是新法规对不同地区的影响。由于盛行风和该行业在美国的分布情况，酸雨——到 1980 年开始成为环境问题——对东北部地区的影响大于其他地区。西部各州受到的影响较小，这些地区的企业担心在所有新电站安装洗涤器净化他们本已经很清洁的排放，会使他们不得不承受很高的成本。煤炭储存分布不均匀也是一个重要的问题。高硫煤的主要生产商在东部，在东部的阿巴拉契亚地区，他们反对酸雨控制方案。西部各州较容易获得低硫煤，反对将会有利于东部高硫煤生产商的措施。中西部工业州有许多污染最严重的电站，因而反对大幅增加生产成本的措施。因此，不仅是复杂的状况使得几乎不可能设计出切实可行的法规，而且即使是可能找到高效的监管方案，这样的法规也不可能得到政界的大力支持而得以实行。大力减少酸雨现象的前景似乎很渺茫。

该法律框架在《清洁空气法案》1990 年修正案中得到修改，此修正案对之前的修正案进行了进一步的修正。其目标是减排，即将排放量从 1980 年的每年 1 900 万吨减少 1 000 万吨，到 2000 年降低至每年 900 万吨。这一改变要在两个阶段中实现。从 1995 至 1999 年是第一阶段，要求 263 座最污染环境的大型电厂每年减排 350 万吨。在第二阶段，几乎所有燃烧化石燃料的发电厂都要受限于全国减排上限。这些限制（通过使用一个极为复杂的公式，这是激烈的政治谈判所得到的结果）被折算成每个运营商的允许排放量。然后给运营商发放这些数量的许可证（每个许可证允许其持有人在指定的那一年排放 1 吨二氧化硫）。这些许可证可以自由买卖，也可以“存入银行”，将来取出使用。

这一措施改变了生产商必做决策的性质。因为许可证可以买卖，所以能够以较低成本减少污染的发电厂就可以减排和出售他们不需要的许可证，而那些减排成本较高的电厂则可以购买许可证。为了确保许可证市场一定出现，联邦环境保护署（EPA）保留一小部分许可证，他们有计划地定期拍卖这些许可证。所得收入支付给那些补贴被取消的生产商。竞争将会使许可证的价格高到足以引起生产商将排放量降至所要求的水平。这样，就可以通过可能最有效的方式将污染降至所要求的水平。

当时令人相当担忧的是不会出现运行良好的市场。例如，曾有人担心企业不会相信管理体制会一直保持不变，它们可能会采取预防措施，保留剩余的许可证，而想要购买许可证的公司将可能会买不到许可证。在早期，相关人士原本预测，在第一阶段许可证的价格将在290美元至410美元范围内变化，在第二阶段价格将升到580美元至815美元。相对于发电的成本而言，这些数额确实非常高。然而，这些担忧结果却是毫无事实依据的。市场快速发展起来，许可证的价格实际是在150美元左右。

随着第一阶段步入正轨，许可证的价格在1996年初降至65美元，此后到了1998年末，价格升至250美元左右。从大约1994年至今，许可证被定期进行报价。交易活动的数量也是相当大。截至1998年3月，在环保署拍卖会上售出的许可证的数量已达130万张。与私下交易的2 030万张许可证相比，这是一个小数目。排放二氧化硫的数量超过配送额的运营商一直在从大量成功将排放量减至低于要求值很多的运营商那里购买许可证。许可证的期货市场也发展起来了，这些市场的价格表明生产商不是特别担心陷入困境；他们有信心，倘若他们最终需要许可证的话，可以购买得到。

该政策似乎获得了预期的效果，因为目标得以实现，一切依规而行：企业要么减排，要么购买需要的许可证。没必要实施豁免政策或修改已有条例。准确估计第四修正案的效果是很困难的，因为在它生效之前排放就已经下降，其部分原因是铁路领域放松了管制，竞争也日益激烈，致使东部的低硫煤价格下降。这使东部和中西部地区的发电企业对转向低硫煤从而降低他们的排放量的兴趣大增，即使没有任何环境法规他们也会这样做。在第四修正案生效之前，也有一些企业已经签订了在管道中安装洗涤器的合同。尽管如此，似乎显而易见的是，如果没有这个新的监管系统，新的减排目标是不会实现的。

新制度也鼓励生产方式的革新和改进，这使二氧化硫减排成本得以降低。安装洗涤器的成本，尽管仍然很高，但相对而言还是有所下降。从烧高硫煤到烧低硫煤（通常产生更多的灰和水）的锅炉改造相关技术问题已有解决办法：生产商把两种煤混合起来做实验直到找到最高效的组合。改用低硫煤成本高得离谱的那些地区的生产商没有自愿地安装昂贵的洗涤器，而通常是改用中硫煤，同时出现了新的货源，因为有些煤矿改变了产煤的种类。在20世纪80年代低硫煤的溢价波动幅度很大，但从1994年初开始稳定下来，经适当调整后非常接近许可证价格的水平。 在资源得到有效配置时，这一结果与人们期望观察到的结果相一致。虽然为适应新管理制度而作出的调整并非十全十美，但是它解决了始料不及、突如其来的问题。主要的一个是消除铁路管制的影响。由于低硫煤变得更便宜了，所以中西部生产商发现达到排放要求比原来预期的更容易。然而，尽管许可证的价格最初没有反映减排的成本，但调整并没有造成重大问题。尤其是，许可证的购买很容易，这一事实意味着情况特殊的生产商不大可能有理由说他们需要被免除应该履行的减排责任，一般在常规的管制形式下发生的事情不会再发生了。

在美国，减少二氧化硫排放的问题表现出一定的特点，使得市场解决方案像经济学教科书所建议的那样发挥作用成为可能。必须加以监控的公司数量有限，还可以在其烟道里安装仪表监控排放情况。这使得严格执行减排成为可能，也避免了如果检查员必须监控工厂里面的日常工作时可能会出现的那些问题。现在可以对总排放量，而不是对减排量，设定目标。减排量很难度量，因为确定基准线有一定难度。另一个好处是，与比方说二氧化碳减排的成本相比，美国总体生产中只有相对较少的行业受到影响。收入分配问题确实出现了，尤其是在地区之间和不同的生产商群体之间，但是与在其他情境下可能出现的情况（比如全球变暖）相比，这些都是次要问题。

以污染许可证的形式创建产权，以及通过组建竞争性市场实现最优配置的想法，显而易见与经济学家相关联。非经济学家经常怀疑这种方案，认为更简单的法规可能更公平、更有效。然而，无论第四修正案是否是可能实施的最佳方案，我们都完全有理由说它是成功的。它比以前采用的方法更成功，因为发电行业的某些特点使美国不可能制定出有效的"命令—控制"型法规，同时却有可能使污染许可证市场发挥作用。

英国的 3G 电信拍卖

在 2000 年 4 月 27 日，英国政府完成了一次拍卖。在这场拍卖会上，他们出售了 3G 移动电话网络的运营牌照——用户将可以通过自己的移动电话登录该网络后进入高速互联网。政府原先预期这次拍卖可得 30—40 亿英镑的收入，但是结果却是收入了 225 亿英镑（355.3 亿美元或 390 亿欧元）。该次拍卖会的设计历经三年的准备，在此期间来自经济学家们［牛津大学的保罗·克伦佩雷尔（Paul Klemperer）和伦敦大学学院的肯·宾默尔（Ken Binmore）］的建议发挥了决定性的作用。无论从政府的角度来看，还是从其顾问的角度来看，这一方案无疑都是成功应用经济学的一个实例。

当时英国政府面临着这样一个问题:如何设立牌照,然后将它们发放给愿意建设 3G 网络的私营公司,从而最好地实现政府的目标。最终要达到的目标是:(1)高效分配频谱;(2)促进竞争;(3)"获得最大的经济价值"(受制于其他两个目标)。高效率意味着可发放的射频频谱应该分配给出价最高的公司。竞争则要求要有多家网络运营商共存,并对每一家网络的营业收入规定一个限额,因为如果给一家公司垄断经营权,让它可以索要非常高的价格,收入就能够实现最大化。尽管这些目标看似非常明确,但还是需要花费一些时间演变为现实。还有一些技术上的制约(例如,带宽不能太小)。

第一个决策涉及如何设立牌照。有几种可能。其一是将射频频谱分成许多小段出售,允许电话公司随意购买,创建自己所需要的频带宽度。其缺点是这会抑制竞争,因为最终结果可能是极少数几家或者甚至只有唯一一家大型公司持有牌照。实际采纳的决策方案是出售固定数量的牌照(最初 4 个,后来增加到 5 个),并允许公司只能竞买到一个牌照。牌照一旦购买到手,就不可以合并,这就保证运营商的数量不会低于 4 家(或 5 家)。买到牌照的公司承诺提供的宽带服务至少覆盖英国国土面积的 80%。在这一阶段,重点是确保竞争。

下一项决策是:决定到底是通过拍卖,还是通过经常被称为"选美比赛"(beauty contest)的方法(政府邀请企业提交意向书,然后从中挑选出能够最好地实现其目标的那一个)来发放牌照。选美比赛法经常被用于在竞争对手之间做出选择,但是也会带来一些问题,这是因为采用的标准经常是主观的,彼此间还要做出权衡。(例如,在发放电视专营权时,政府如何评判所保证的节目制作质量，如何平衡所播放的大众化节目与所播放的迎合少数人兴趣的节目？）对于 3G 牌照这种情况，人们普遍认为采用拍卖方式将会比较好。该方法会更简单、更透明，而且更能避免徇私。或许更为重要的是，它将更有可能达到第一和第三个目标。得出这一结论的理由是，为了高效地将牌照发放给那些出价最高的公司，就有必要找到一个可以发现公司给这些牌照标价的机制。因为这种技术尚未开发出来，所以没有先例（英国是第一个拍卖 3G 经营权的国家），因而这些牌照的价值存在巨大的不确定性。相关公司很清楚自己对这些牌照价值的看法，但是政府不可能向他们咨询。他们可能会有动机声称这些牌照不值多少，因其心中怀着把牌照低价买到手的希望。据信，一个设计合理的拍卖方案将会保证牌照由出价最高的公司购去，因为他们已经做好了支付最高价格的准备。这也会实现筹集尽可能多的营业收入的目标。

此外政府还作出一个决定：售出的牌照要一次性支付落锤价。如果运营商必须按使用次数缴纳牌照费（例如，通过新网络拨打电话每次缴纳 1 美分），这个成本很有可能转嫁给消费者，而网络可能得不到有效的使用。据信，一次性支付牌照费不影响运营商将收取的资费。

这些决策制定下来后，下一项任务就是设计适合的拍卖方案。有两大类方案可以考虑。一类是递增型或"英式"拍卖。即从低价开始，待到价格涨至超过某些竞拍者准备支付的价格时，投标人就会退出。另一类是"荷式"拍卖，由高价开始起拍，直至降到有人出价成交为止。它的一种变体是"密封投标"拍卖，即参与竞拍的公司提交投标书，直到全部标书收齐后才打开的拍卖形式。拍卖理论是 20 世纪 80 年代和 90 年发展起来的一个经济学研究领域，其重要性在于拍卖结果可能极易受到其设计方式的影响。这两类拍卖通常产生不同的结果。这种情况的发生有以下几个原因。

第一个原因是：若想拍卖成功，必须有足够多的投标人。如果投保人过少，几乎没有多少竞争，因而那些给拍卖资产定价最高的投标者就不必支付他们原来准备支付的价格。在极端情况下，如果投标者的数量没有超过被售物品的数量，他们就没有理由让报价高于最低价格。考虑到投标购买射频牌照的成本，投标者只有在确有成功机会的情况下才会进场。在英国这次拍卖中，出现的问题是潜在的投标人起拍时地位不平等。四家潜在的竞拍公司是现有的 2G 移动电话运营商：One-2-One（后来的 T-Mobile）、Cellnet（后来的 O2）、Orange 和沃达丰（Vodafone）。由于他们已经拥有安装好的无线电杆、品牌认知和其他已经到位的基础设施，所以较之新进入者，他们处于优势地位。如果新进入者认为自己要与现有的运营商直接交锋，他们很可能推断自己的获胜机会渺茫，于是决定不参与拍卖活动。

为了明白其中的奥秘，这里有必要插入对拍卖理论的简要介绍。在 3G 牌照这样的拍卖中，被拍卖资产的价值是不确定的，每一位竞拍者都了解该资产的情况，但却无人知道其"真实的"价值。有些情况大家都能了解到，但是每位竞拍者一般都掌握其他竞拍者（或拍卖方）无法得到的私密信息。这就意味着，如果你和我都在竞拍某样东西，你的出价就给我提供了有用的信息。如果你出 90 美元，这就是告诉我你认为其价值至少是 90 美元。这也就是说，在英式拍卖中，竞拍者将从其他竞拍者的出价中了解情况。如果我知道你愿意支付 90 美元，这可能使我愿意支付 95 美元。即使我不确定它是否值那么多，你也认为它至少值 90 美元。这一事实降低了我的看法完全错误的可能性。与之相反，在荷式拍卖中，竞拍者不了解其他竞拍者的出价情况，所以由拍卖过程所提供的信息要少得多。

一个相关的问题是所谓的"赢家魔咒"。这意味着在被拍卖资产的价值不确定的情况下，赢家支付的价格一般高于其价值。假设有两个竞拍者，每个人掌握的信息不同，其中的一个人高估了资产的价值，而另外一个低估了它的价值。高估者将赢得拍卖品，因为他或她愿意支付更高的价格。问题是他或她只有在出价后才知道这一点。换言之，在英式拍卖中，如果我的对手停止出价，结果是这场拍卖我赢了，那么我就知道我出的价可能太高了。这也适用于荷式或密封拍卖。有人或许会认为赢家魔咒的存在对出售资产的那个人可能不重要。但问题是它可能会打消一些人入场竞拍的念头，或者至少导致他们采用过度谨慎的竞拍策略。解决这个问题的方法是设计的拍卖方案要让赢者得到资产，但是是以报上来的第二高价达成交易。那样的话，竞拍人可以按照自己给竞拍资产所估的价值来报价，因为知道如果竞争对手掌握的信息意味着拍卖品价值低于这个报价，那他或她只会按照对手的估值付费。

为了确保有足够的公司参与 3G 拍卖，牌照数量的设定至关重要。最后，英国政府决定，切实可行的方案是拍卖 5 个牌照。由于这一数量大于行业内现有公司的数量（目前有 4 家 2G 运营商），所以，可以肯定的是其中的一个牌照会落入新进入者手中，这等于是提供了参与拍卖的动机（进入者只允许得到一个牌照）。

然而，最初有人认为技术上的限制意味着最多只能售出 4 个牌照（否则宽带可能会太小，不能提供令人满意的服务），这会带来问题。针对这一问题所提出的解决方案是举行一个两阶段的拍卖。第一阶段将是一个升价拍卖，此拍卖将在竞拍者数量降至比牌照数量多出一个时停止。然后进入第二阶段，要求采用密封递价式拍卖。

这样的安排为什么会鼓励企业进入？对这一问题的回答是：如果单纯采用英式拍卖，新进入者一开始就知道，相对于现有企业，他们处于劣势，就会在报价高于现有企业时犹豫不决。无论新进入者报价是多少，现有企业都会知道自己能够承受得起更高一点的报价，因而很可能总是胜出。在密封式拍卖中，新进入者的机遇会好一些，因为在这种拍卖中，现有公司不能利用报价略高于新进入者的策略。如果在第二阶段采用密封式拍卖，并且保证有一个新入场者顺利进入第二阶段（因为有 5 家公司会闯关成功），在此阶段新进入者有获胜的好机会，所以可能愿意进场参与拍卖活动。

与拍卖相关的另一个潜在问题是潜在参与者之间的串谋。这可以采取多种形式。其一是两家公司可能决定联合竞拍，这样做是完全合法的，或者他们决定让其中的一家公司去竞拍，而另一家公司得到交易权，只要出价合适就可以使用竞拍者的网络（一个"虚拟的"网络）。如果他们这样做，拍卖可能最终会达成一个较低的价格，这意味着成交价没有反应竞拍者的估值，政府得到的收入有所减少。鉴于欧洲电信行业的所有制结构，串谋问题特别值得关注，需要制定规则防止这种现象的发生，例如，在竞拍时，英国电信（BT）和 Securicor 共同拥有 Ceilnet 公司；这意味着这三家公司中只允许一家参加竞拍。但就在拍卖开始前不久，出现了另一个问题：现有的运营商沃达丰收购了一家公司，而该公司拥有另一家现有的运营商 Orange。在这种情况下，政府部门允许两家公司分别投标，但有一个前提条件，这就是沃达丰在收购完成后，必须立即将 Orange 公司剥离出去，以确保这两个牌照落入不同公司的手中。

当英国政府决定可行性方案是发放 5 个牌照时，就已经定下要采用英式拍卖。这 5 个牌照各不相同，因此竞拍者必须确定自己要竞拍哪一个。竞拍要遵守的主要规则如下：

1. 在每一轮的竞争中，竞拍者要同时出价，而每个竞拍者只允许竞拍这 5 个拍照中的一个。

2. 不再"活跃的"竞拍者（或是因为他们持有对某一牌照的最高报价，或是因为重新竞拍另一个牌照），必须从这一轮竞拍中退出，并不得再次进入。

3. 在每一轮竞拍中，报价最高者不能改变自己的报价，或者竞拍其他牌照，而报价较低者可以重新竞拍任何牌照。

4. 这一过程一直持续到只剩 5 个竞拍者为止。这 5 个幸存者必须在十日内支付全款。

拍卖的另一个重要方面是，因为竞拍者不知道其他人将会如何做，所以每一轮报价都有可能是最终的报价（即使是在报价较低的早期阶段）。因此，每个公司可采取的最佳策略都是竞拍其估值（它认为的牌照价值）与上次报价（加 5%）之差最大的那个牌照。

这次拍卖吸引来了 13 家公司参拍，在 8 周时间里进行了 150

轮竞拍。最终胜出的 5 家公司包括业内的 4 家现有的运营商,再加上新进入英国市场的和记黄埔公司 (Hutchison-Whampoa)。有一个牌照售出 60 亿英镑,3 个在 40 亿英镑左右,一个是 44 亿英镑,总计 225 亿英镑。这一收入不仅大大高于预期(媒体估计是在 20 亿—50 亿英镑之间),而且政府对不同牌照相对价值的最初看法也出现了失误。这次拍卖看上去非常成功。显然,鉴于竞拍赢家所支付的高额拍卖金,此次拍卖在募集资金方面是非常成功的。还有一点毋庸置疑,牌照也落入了对它们估值最高的公司手中。据这次活动的组织者推断,这次拍卖取得了实效。鉴于这 5个牌照出售给了不同的公司,并带有适当的附加条件(比如允许新网络的使用者漫游进入其他两个网络),他们还推断,拍卖也实现了第二个目标:保证竞争。

其他国家的频谱拍卖并不都像英国这样成功。英国的这次拍卖募集到的资金,相对于其人口而言是每人 650 欧元。与之相比,瑞士只征收到每人 20 欧元。瑞士未能确保有足够的公司参与竞拍,所以就未能激励参与者报出高于极低的既定保留价的价格。当这种情况为众所知之后,竞拍公司的股价立即上扬,这说明他们将赚到便宜。在某些国家,还面临着法律挑战,有人指出牌照并没有发放给估价最高的公司。德国筹集到每人 615 欧元的收入,接近于英国。但是在奥地利,由于征集到的资金仅相当于每人 100 欧元,所以人们强烈地表示怀疑,有人串谋(这将导致价格下降)。

通过拍卖筹措资金,显然十分成功。但它是否达到了其他目标(效率和保证竞争),尚不十分清楚。赢家发现自己面临着巨额的债务问题:这可能不完全与购买 3G 牌照使用权所支付的费用有关，但是牌照的成本肯定促成了这一问题的产生。英国电信（BT）由于自身的债务问题，迫不得已卖掉黄页（Yellow Pages）业务，同时将 Cellnet 公司的股票上市交易，使其变为 O2 公司，如此这般地对公司进行了有效的拆分。沃达丰亦陷入极大的困境之中，因为它为 3G 牌照在欧洲范围内的使用权支付了巨额费用（超过 200 亿欧元）。有几家公司提出申请，希望将架设 3G 设备的时间推迟到合同规定的日期之后。这使人们开始怀疑新网络是否能如愿尽快建成。评判效率的一个标准是所组建的以最低成本为顾客提供服务的公司能够尽早地提供 3G 网络服务。至今仍不清楚这一标准何时实现。

支持采用拍卖法的理论可能错在何处？一种回答是错在以参拍公司在特定日期所赋予竞拍品的价值作为评判标准。对竞拍效率的论证是以这些拍卖成交价格反映了根据当时可获得的信息所能得到的最佳估值这一假设条件为依据。然而，参拍公司可能感觉到有压力要拿下牌照，即使他们不得不支付超过其预期收入的费用。如果业内公司竞拍失败，未拿到牌照，必然会被解读为它将不再是移动通信行业的主要运营商，这势必会对公司的股价产生高管们不愿接受的不利影响。此外，即使是公司什么都没有卖出去，但购买牌照所支付的价款构成了公司必须支付的固定成本，而这又不可以影响价格和产出决策，这一论点在存在破产的可能性的情况下是不适用的，然而实际上破产是完全可能的。债务，再加上股价的压力，从长远来看，显然可能是以有利于提高效率的方式影响到公司的决策，但也可能不是。

英式拍卖所采用的方式非常清楚地表现出经济理论的一些优缺点。我们对拍卖程序如此这般地加以描述，可谓相当地详细，这足以说明这个问题远非小事一桩。它要求拍卖程序的设计者掌握产业经济学的知识,因为他们必须分析准入条件以及公司间可能出现的串谋现象,所以牌照的设计要保证通信网络一旦建成可以带来有效的竞争。他们需要运用拍卖理论来决定应该如何采用最优方案构建拍卖过程,而且还要运用实证方法来测试理论预测的正确性。这一点尤为重要,其原因有二。首先这起到了对理论推导结果进行检验的作用,而这一点对从政者更具说服力。因此,经济学发挥了重要作用。拍卖结果表明,当目标严格界定时(收入最大化;行业中至少保持有 4 家公司,并将牌照售给准备出价最高的公司),经济理论是极为成功的。这些目标的确实现了。

但是,这件事情也表明经济理论在何处以及为何失灵。如果公司正像是经济理论坚持认为的那样,纯粹是利益最大化的追求者,如果股票市场保证管理者采用长远的眼光来看待公司的收入流,如果可能出现的倒闭不是问题,那么将牌照售予愿意支付最高价的公司这个可以立竿见影的目标的实现就会保证经济效率。然而,市场在某种程度上显示出"短期性",管理者迫不得已要关注所在公司的当期股价,所以,这种关联性就会被打破。3G 拍卖后,随之而来的电信行业重组很可能完全是对 3G 牌照价格新信息的应对之策。(技术总是在演进,与需求相关的信息一直在变化)。然而,同样有可能的是,这种情况反映的是管理者被迫采取的有效决策。有某种理由认为,这些公司只能责怪自己(并不是法律要求他们参与拍卖的),但也有理由认为,期望他们以不同的方式行事也是不合情理的。他们不得不以任何代价保住移动电话业务,因此,政府能够从这些公司那里榨取到高于其支付能力的牌照费。于是，为了避免破产，这些公司只得按非预期方式进行重组，而其对经济效率所产生的影响尚不得而知。

市场与社会

射频拍卖和排放交易市场，尽管有其规模和重要性，但相对于它们所处的社会而言，都是很小的。在这两种情况下，市场参与者都是公司，其管理者已经掌握了如何在新市场中发挥作用的新规则，其活动可能受到严格监控。事实证明，在此背景之下，经济学专业知识是重要的。在设计应对竞争压力的系统时，以及（在二氧化硫排放这个实例中）设计能够高效应对意料之外的发展状况的系统时，这些知识都发挥了重要作用。

将美国的二氧化硫排放情况与为控制全球气候变化而创建碳排放市场的措施加以对比研究，可以看出上述观点的重要意义。尽管控制二氧化硫排放的做法，对其他国家有一定的启示作用，但对美国而言，关注对其内部（倘若不只是美国，那至少是在北美洲范围之内）所造成的后果就足够了；而另一方面，设法控制二氧化碳的排放，对世界各国都有着重大的影响。碳硫排放及其直接后果在全球各地分布方式极不相同，这使得减排问题更为棘手。中国可能是二氧化碳排放量最大的国家，美国和欧洲的人均二氧化碳排放量仍远高于其他地区，但却是可能受到气候变化影响最小的地区。更为重要的是，对二氧化碳排放的控制途径远非局限于控制发电方法这一种。因此，尽管在控制二氧化硫排放时，人们关注的是采用不同的方法生产所需电量的问题，但若要控制好二氧化碳的排放，则要求审视每个人的生活方式，至少在发达国家应该如此。经济问题和社会问题是不能彼此分开的。因此，虽然已经创建了碳排放市场，但他们只覆盖了世界总排放的一小部分。

第 3 章　创建市场经济

俄罗斯由社会主义向资本主义的过渡

1991 年 12 月 21 日，原苏联 11 个加盟共和国召开代表大会，会上做出决定，要在这一年的年底解散联盟，建立更为松散的独立国家联合体 [Commomwealth of Independent States，简称独联体（CIS）]，取而代之。此前属于苏联的许多权力如今下放给各个共和国。独联体中最大的共和国是俄罗斯联邦，当时的总统是 1991 年 7 月当选的鲍里斯·叶利钦（Boris Yeltsin）。叶利钦所领导的俄罗斯政府接手国家后，面临的是迅速恶化的经济形势：失业率上升，产量急剧下滑，物价（虽然依旧由政府控制）一路飙升，而卢布估值显然过高。苏维埃的体制正在崩溃，经济改革势在必行。政府面临的问题不是要不要改革，而是该如何改革。

叶利钦虽在众望之下当选，但俄罗斯的政治体系非常不稳定。而政治标准和经济标准又密不可分，其原因不仅在于某些战略不可行，还因为经济决策将影响政治。早在两年前就开始转型的其他东欧国家（比如波兰、捷克斯洛伐克和匈牙利）可以为俄罗斯提供一些借鉴。然而，这些国家的国情在很多方面与俄罗斯或者其他原苏联国家不同。这些国家更小,经济体制各异,政治文化方面与俄罗斯也不尽相同,并且数十年来敌视苏联统治。

会上各方达成了明确的共识,这就是必须向资本主义经济过渡。原苏联模式即使没有完全崩溃,也被普遍认为是失败了。尽管如此,还是很难看到中央计划经济如何能在更为开放的社会中运转。因此,原苏联面临着这样的一些问题:应该选择哪种形式的资本主义?应该通过哪种方式来实现这种过渡?是采用"休克疗法"(shock therapy)式的快速转型,还是要走渐进式的道路?

另外,还存在一些技术问题。如果要对国营工业进行私有化,应该如何实现?政府可以如何建立税收制度?在新的资本主义经济中,国家应该扮演什么样的角色?货币政策如何运行,尤其在国家出现巨额赤字,需要靠货币供给支撑,而由此引发通货膨胀之时?对外贸易如何自由化?外商投资应扮演什么样的角色?在这些和其他问题得到解答之后,还有它们的优先排序问题——政府应该按什么顺序实施这些改革,应如何与其他领域的改革关联起来,比如法律制度的改革?这些不是纯粹的经济问题,但却显而易见是经济学家应该能够出谋划策予以解决的问题,而且许多经济学家也确实这样做了。

许多美国和西欧的经济学家对研究有关苏联向资本主义过渡的问题非常感兴趣。在研究苏联转型的过程中,他们发现外国援助成为重要因素,其形式多为"技术援助"。所谓"技术援助",即西方专家带来一些俄罗斯或其他前社会主义国家所没有的技术。这些专业知识多来自商界,特别是当时的"六大"全球会计事务所(如今减少至"四大"),却并无经济学家参与其中(请注意,其实很难划出精准的学科界限)。但经济学家参与了许多有风险的活动。介入其中的学术机构包括哈佛国际发展研究所（Harvard Institute for International Development）以及伦敦经济学院（London School of Economics，简称 LSE）的经济绩效研究中心（Center for Economic Performance）。相关的经济学家不仅包括一小部分研究苏联的专家，他们通常说俄语并且熟悉苏联经济、法律和政治系统，而且还包括很多以前在其他领域工作的声名显赫的经济学家。尽管有一部分经济学家有在第三世界发展中国家建设稳定项目的经验，但由于这些国家和俄罗斯之间存在着差异，他们的经验并不总是有所助益。西方国家中的私有化或货币管理方面专家们的情况也是如此。许多成为转型经济"专家"的经济学家，最好的称呼是"通用"经济学家，他们运用了标准经济学理论和技巧来解决这些新问题。由于这些经济学家总是来去匆忙，加之他们缺乏对俄罗斯现行体制的了解，所以常与俄罗斯人发生争辩，俄方必须动用相关资源向他们介绍当地的基本情况。

　　至少有五个研究团队可以给政府提供各种不同的经济计划，叶利钦选择了由叶戈尔·盖达尔（Yegor Gaidar）率领的团队。自从 20 世纪 80 年代末苏联开放以来，盖达尔就在与苏联经济学家团队一起开展研究工作，并一直在探论如何进行这场向资本主义的过渡。该团队的成员都很年轻，并且深信老一代研究者身陷马列主义的意识形态之中。他们则与西方有良好的交往。包括盖达尔和安纳托利·丘拜斯（Anatoly Chubais，他们后来都担任政府要职，包括副总理）在内的俄罗斯经济学家，与杰弗里·萨克斯（Jeffrey Sachs）和安德鲁·施莱弗（Andrei Shleifer，来自哈佛大学）、安德斯·艾斯伦德（Anders Åslund，来自斯德哥尔摩大学）以及理查德·莱亚德（Richard Layard，来自伦敦经济学院）等成员组成的团队紧密合作。这个团队与同样来自哈佛大学的劳伦斯·萨默斯（Lawrence Summers）也有密切联系，劳伦斯1991年至1993年期间担任世界银行首席经济学家，后来担任美国国务卿以及克林顿总统时期美国财政部副部长，并且在奥巴马内阁中担任国家经济委员会（National Economic Council）主任。这个团队指导了美国对俄罗斯的大部分援助。

盖达尔—丘拜斯团队主张采用休克疗法——一种快速向资本主义过渡的方法。该小组一致认为，俄罗斯需要尽快进入市场经济，因为只有这样，政府的角色等问题（俄罗斯将成为一个社会民主主义还是自由资本主义经济体？）才能得到解决。其理论是：必须迅速实现宏观经济稳定。有人利用世人普遍接受的宏观经济学思想论证说，要建立公信力，打破通胀预期，需要采取"快速且激进的措施"（Åslund，1992a，第28页）政府需要放弃价格监管，因为价格监管的存在，会导致通胀预期持续发酵。为了确保竞争的存在，对外贸易和垄断部门的自由化需要同时进行。因为过高的通胀难以增加财政收入，加上税收体系混乱，因而政府预算必须通过削减开支和取消补贴来实现平衡。这会给人们造成许多痛苦，但会好过渐进式改革政策。

宏观经济稳定和市场价格确立之后，接下来要做的是迅速地推行大规模的私有化，只要通过必要的立法流程，整个过程越开越好。这就需要实施法制，建立公司产权，但只要这些一就位（理想情况下是成为宪法的一部分），私有化就可以进行了。支持这种快速私有化的主要理由是指令性经济已经失灵：国家未能管理好企业，尤其是在经济危机时期。艾斯伦德声称，奥地利学派经济学家路德维希·冯·米塞斯（Ludwig von Mises）1920年发表的观点是正确的，后者认为"社会主义废除了理性经济——生产与产品之间的交换关系只能建立在生产资料私有制的基础上"（Åslund，1991，第18页；1992a，第17页）。私有制将会保证财金规制得到遵守：它将引入竞争，让价格的存在带来理性的投资决策。因此经济体的重建须基于市场价格和私有制。这就好比你要跳过一条河：你需要一步跳过。重要的是，无论以何种方式要到达彼岸。为此，可能要付出一定的代价，但一旦资本主义以及稳定的民主国家建立起来，就可以合理地预期，其年增长率为8%（Åslund，1991，第22页）。

推行休克疗法及快速私有化的另外一个原因来自于政治。如果不能快速引入改革，那么现有的既得利益者就有能力阻止改革。国家参与经济活动，为腐败创造了机会，应该避免这种事情的发生。大家普遍认为，如果不将资产私有化，这些资产将会通过合法或非法的途径，落入到旧权贵手中 [prikhvatizatsiya 的说法广为流传，这个词的意思就是"抢"，或者将国家资产据为己有，听上去特别像英语中的"私有化"（privatization）这个词]。还有人争辩说，广泛实施私有制对于多元民主政治的出现是必不可少的。换句话说，没有私有化，民主只是天方夜谭。迅速实行私有化可能意味着，必须通过出售国有资产筹集到有限的财政收入。这一观点应该得到普遍接受。为了使所有权足够集中以提供对股东负责的管理，又不造成巨大的不平等，股权应该分配给所有公民都持有股份的共同基金。据说匈牙利的亚诺什·科尔奈（Janos Kornai）等经济学家受到误导，他们原本认为在能够将资产以真实市场价格出售给新兴中产阶级之前，政府应该悉心管理好国家资产。没有哪一个政府有能力实施可能给民众带来长期困苦的经济稳定计划：选民们可能会接受短期的牺牲，其条件是他们相信这一状况不会持续很久。私有化的速度被赋予极为重要的意义："私有化的速度和规模比其他方面，如财政收入，更为重要"。（Åslund 1991，第 30 页）艾斯伦德在其原作中强调这一点。

参与改革的主要国际组织支持这一战略。由国际货币基金组织（IMF）、世界银行、经济合作与发展组织（OECD）以及欧洲复兴开发银行（EBRD）于 1990 年联合撰写的报告所概述的政策建议，与盖达尔—丘拜斯团队的想法如出一辙。这些政策包括宏观经济稳定、价格放开、鼓励竞争，以及经济结构改革，其中包括建立可靠的产权和广泛的私有化，还有为了防止出现普遍贫困而对基本消费品进行的补贴。虽然报告承认在实现有效的私有化之前，必须先对政治和法律进行重大变革，而且需要采取措施确保资产公平地私有化。但报告强调的重点，仍是速度的必要性。该报告将原苏联总统戈尔巴乔夫（Gorbachev）公布的政策描述为不符合现实的需要，戈氏的政策要求在 18 个月至 2 年的时间里实现稳定、自由化以及持续性的结构改革，即所谓"相对渐进式的过渡"（IMF/World Bank，1990，第 12 页），因为它设计了自由化发生的一个过程，而在此过程中大部分的产出，至少在一开始，是通过国家完成的。该报告的作者们认为，这有可能阻碍改革的进行而使得市场化根本无法开展下去。他们得出结论："在理想情况下，有可能走上渐进式改革之路，这将使经济扰动最小化，从而可以尽早收获经济效率增加所带来的果实。但我们对这样的道路一无所知。"（IMF/World Bank，1990，第 12 页）

后　果

休克疗法的政策始于 1992 年初，并且产生了戏剧性的结果。工业产值和国民收入多年来连续快速下滑。到 1998 年，工业产值降到 1989 年峰值的 45%，国内生产总值（GDP）降至 55%。前三年产值的下降幅度相当于 1929 年到 1932 年期间美国"大萧条"（Great Depression）时期所出现的情况。然而，在俄罗斯，衰退持续的时间更久，统共有 7 年时间。与此同时，价格的放开，导致物价立即飙升 245%，引发了无法控制的恶性通货膨胀。最糟糕的是 1992 年，当时物价上涨超过 3 000%，俄罗斯花了数年时间才控制住通胀。因为基本食品、能源和交通的价格仍由国家控制（该政策本身就会引发问题），所以消费品价格下降得少一些，但是实际工资急剧下降，多达 60%。过渡时期简直是一场灾难。

尽管大多数俄罗斯人在 1992 年之后的岁月里经受了巨大苦难，但小部分人却并非如此。这种变化很难准确衡量，因为在计划经济体制下，是否可以购得商品，既取决于收入，同样也取决于社会关系、党员身份，以及政治影响力。然而，有一点似乎毫无疑问，那就是不平等现象显著增加。现有的数据表明，从 1993 年到 1998 年，全国前 10% 最富有的人口所占国民收入的份额翻了一番，从 19% 上升到 40%。而相比之下，10% 最贫穷的人口的收入减少了一半还多。换句话说，在 1988 年，10% 最富有的人口所得收入是 10% 最贫穷的人口的 4.6 倍；而 5 年之后，前者的收入是后者的 25 倍之多。随着非常富有阶层的出现，俄罗斯的贫困人口的比例从 2% 上升到 50%。穷人忍饥挨饿，而莫斯科街头却挤满了奔驰轿车。

人人都能接受这一后果，过渡会在产出上造成一些损失；但是没有任何一个人，甚至是休克疗法的批评者，能意识到这种损失如此的惨重——经济衰退持续时间如此长，对产出和收入分配有如此毁灭性的影响。这一政策的支持者们声称，问题在于市场化的速度不够迅速。导致市场化速度不够的主要问题是能源的统一定价。尽管这样设计是为了缓解过渡带来的冲击，但却使得俄罗斯与世界间产生巨大的能源价差。故而有人就因贸易自由化，利用这一差价牟取暴利：贸易商从俄罗斯买入低价的能源，然后将其出口，赚取到巨额利润。支持者们宣称，要是价格全部立即开放，这种情况就不会出现。另一个问题是，尽管市场化的目的是引入竞争，但许多企业都通过国家官僚体制维持垄断。腐败盛行，人们继续使用和利用国家官僚体制，就像他们在苏联政权下学会的那样。如今，贸易也许是合法的，但是地方政府可以要求办理经营执照，借此创造受贿的机会。主张快速过渡的人士指责政要们，比如接替盖达尔成为副总理后又被他人接替的维克托·切尔诺梅尔金（Victor Chernomyrdin），以及曾质疑过改革的杜马（Duma，俄罗斯议会）成员。对改革速度的怀疑被认为是由捍卫既得利益的欲望所致。

可以说，最大的灾难是私有化的管理方式。在建立促进竞争以及确保企业履行其合同义务的制度之前，私有化就已经开始了，而限制垄断的法律法规却软弱无力。商人们可以借助政府施加或放松管制之际，利用国家官僚体制（经常通过行贿的方式），阻挠竞争。由于从苏联体系遗留下来的腐败和裙带关系，当时的法律体系发展很不健全，根本没有独立于利益相关者之外的执法机制。此外，有一些私有化也是因特殊目的而临时实行的。管理者可能最后得到了企业的实际控制权。鉴于私有化后企业发展的不确定性程度较高，极大地激发了新企业主进行资产倒卖而非通过生产活动赚取利润的行为，因为资产倒卖所得的财富可以转移到国外。基于广泛股权的私有化若想取得成功，就需要有可以直接或者通过控股公司获得股权的中产阶级。有一些人拥有大量储蓄，但是恶性通货膨胀使之化为乌有。最后，尽管人们做出了很大努力，欲确保私有化以公平合理的方式进行，但对很多旁观者来说，俄罗斯大部分产业的私有化所采用的方式似乎是旨在创建一个准备效忠政府、极富有的寡头政治执政者小群体。政府从私人银行借款，将最大、最有价值的一些国有企业的股权给他们作为抵押，然后就出现了贷款违约的情形。接下来，企业就转到银行所有者的手里，后者几乎分文不花就拥有了这些企业，这样创造出一批亿万富翁，他们有得天独厚的条件，可以将自己的资金转移到西方，做更为安全的投资。

对于俄罗斯的这场灾难，有人辩护说，考虑到改革的重要意义，这是不可避免的。这一观点的问题在于，其他国家，尤其是独联体之外的国家，在过渡时做得比俄罗斯好很多。波兰、匈牙利和捷克斯洛伐克也经历了产出的急剧下滑，但与俄罗斯相比，下滑时间持续得很短，并且这些国家避免了俄罗斯出现的许多错误。中国奉行渐进式改革政策，经济得到快速增长，从之前远低于苏联的人均收入到后来接近俄罗斯水平。如果一定要说这场灾难是不可避免的，那只是因为俄罗斯（或者俄罗斯以及独联体内的其他国家）面临的情况独一无二。

但对所需变革的无知并不是对这场灾难最令人信服的解释。毕竟，盖达尔和丘拜斯是对苏联体系运作方式了如指掌的俄罗斯人。更确切地说，这是由于未能厘清所面临的不同问题之间的关联，也未能料到改革阻力的规模而造成的。休克疗法的支持者们，无疑确定了许多要解决的问题，比如，他们论及有效的法律体系、有效的会计准则、管理责任、竞争、严格预算约束的必要性，等等。他们也确定，腐败是个严重的问题。然而，让宏观经济改革以及私有化达到预期效果所必需的体制改革仍不到位，在这种条件下他们仍旧贸然前行。这些体制改革，既需要"自上而下"的变革，也需要"自下而上"的变革。自上而下的变革，相对比较容易实施。虽然可能会有政治上的障碍，但是可以通过立法，改变中央政府的政策。自下而上的改变更为重要，也更难实现。比如，企业应该学会通过增加销售量而减少成本以获取利润，而不是（像在苏联体系中那样）通过操纵官僚机构，打破规则，以及在体制的各个方面寻找关系来获利。企业间必须建立起彼此的信任，才无需提前付款以求供货商供货。在篡改或打破规则是常态的环境中，建立强制履行支付债款义务的法律体系是一个巨大的挑战。改革者们实施了自上而下的变革，相信或希望会引起必要的自下而上的变革。当企业面临银行将不再提供无限制信贷的情况时，就将开始以资本主义的方式运营。但这一切并未发生，因为仍有大量操纵体制的机会，擅长于此道的还大有人在。企业转而求助于国家机构，要求其实施管制，以确保他们的垄断。个人通过与国家讨价还价，达成了对己有益的交易，利用每一次可能得到的机会将自己的财富弄到国外去。自上而下的改革并没有促发自下而上的变革。在谈论 1995 年贷款换股权的交易时，丘拜斯曾发表了以下这样一段话，既说明了问题所波及的范围，同时也阐明这样一种信念，那就是将资源分配到私人手中，将打造出高效的资本主义经济：

> 他们一而再、再而三地偷。他们绝对是什么都偷，根本不可能让他们停手。但是，让他们偷，让他们拥有偷来的财产吧。他们随后就会成为这些财产的所有者和名正言顺的管理者（Freeland，2000，第70页）。

除了创造出一群非常富有的人之外，丘拜斯的观点——这些人将成为所盗财产的"所有者和名正言顺的管理者"——与事实不符，因为这些财富实际上并没有留在俄罗斯，由新主人进行高效的管理。相反，这些财富立即被转移到国外，俄罗斯过渡时期正是以资本大量外逃为特点。简而言之，没有捷径可走：各种改革纵横交错，相互影响，意味着这场过渡是一个比任何人当时所能领悟的都要复杂艰难的过程。

经济学家的作用

到底在多大程度上可以认为，俄罗斯所出现的情况是经济学的失败？即使这场灾难可以避免，其责任是否不能仅归咎于那些管理该过程的人，包括继任的俄罗斯政府（及其苏联时期的前任）和他们的顾问？诚然，关键性的决策由政要做出，即使个人在做决策时诚心诚意为国家利益着想，但政治环境却造成许多问题。由于时间紧迫，制定决策必须快速，不允许进行广泛深入的讨论，但政府对于正在发生的事情的控制能力非常有限。然而，西方经济学家也从诸多重要方面参与了这一过程。首先，国际货币基金组织和世界银行等国际组织，通过提供资金和技术支持，发挥了重要作用。其次，俄罗斯改革者们十分精通西方经济学，他们的顾问是著名的西方经济学家。这些因素非常关键，因为盖达尔—丘拜斯团队的主张在很大程度上是因其与西方的联系而合理化的。西方经济学并非中立；它在俄罗斯内部的政治进程中发挥了重要作用。（反过来讲，西方经济学家和盖达尔—丘拜斯团队之间的联系正是大量美国援助通过哈佛国际发展研究所输入俄罗斯的原因）。假若西方经济学不是这样，那么俄罗斯政治进程中各种力量的互动有可能导致另外一种结果：虽然没有理由相信当时这真的会发生，但可能性是存在的。

　　然而，即使经济学家难辞其咎，但我们是否有可能一概而论，通过这一事件对经济学下定论？对此，仍然是存疑的。有人可能会争辩说，不好的结果无非是控诉相关个人和组织。一些经济学家曾警告说，市场从来不会按照教科书中所讲述的方式来运行，而另外一些人则对国际货币基金组织在其他国家的结构调整政策和稳定计划表示怀疑。还有人有这样的看法，认为改革者们有意选择采用经济学中的某些思想，而忽视其他思想，这使得泛泛指责经济学显得荒谬可笑。如果在经济学家中存在全体一致赞同的思想的话，或许情况会不一样，但是这种情况并不存在。原苏联阵营中的其他国家，向市场经济转型的路径完全不同：正如上文所述，匈牙利、波兰和捷克共和国所采用的转型方式都是相异的。这无疑是一个非常有力的证据，证明俄罗斯过渡转型应有别于其他国家。但是与之相悖的是这样的事实，即支撑俄罗斯如何实施过渡管理的思想，是与当代经济学中盛行的主流思想相一致的。

休克疗法的基本前提是：原苏联的社会主义行不通的情况下，资本主义，无论制度基础多么摇晃不稳都会更好。经济学理论在几个方面对这一论点给予支持。首先，经济学受完全竞争市场的供给和需求理论所主导。根据这一理论，价格将会调整，以便使每一种商品的需求量与供给商想要销售的数量相等，而由此所产生的资源配置是高效率的，从这种意义上说，偏离该理论将使至少一个人的境遇变得更糟。经济学家很早就知道这一理论在何种条件下不起作用，即所谓"市场失灵"的原因包括：竞争可能不完全；买方和卖方可能不完全掌握市场信息；或者一项经济活动的个人成本可能与其社会成本相异（比如，生产者不必承担污染费用）。

然而，尽管几乎所有经济学家都非常清楚市场失灵的原因，但在实践中，他们经常会忽视这些因素，或者认为这些因素是次要的。供需理论对许多经济学家而言都具有直观的吸引力，而且其具有简单易懂的特点，很容易向非经济学家解释。因此，尽管俄罗斯的政策制定者们对这场灾难负有不可推卸的责任，但是他们的政策自然而然地源自于那些已经主宰着经济学的偏见和假设。正如约瑟夫·斯蒂格利茨（Joseph Stiglitz）在谈及社会主义和资本主义之间的选择时所言：

这种竞争范式不仅没有对经济制度的选择这一重要问题提供太多指导，而且所提出的"建议"通常是受过误导的。对市场的概念化处理，是分析的基础，但这种处理并未如实刻画真实的市场；标准分析低估了市场经济的优势和劣势，因此为可选方案的成功可能性以及如何完善市场提供了错误的信号。同样地，不能依靠那种范式向试图建立新经济制度的前社会主义经济体提供指导。(stiglitz, 1994, 第 5 页)

然而，问题不单在于经济学家没有足够重视市场结构，并且偏离了完全竞争的标准理论；问题还在于，他们没有足够重视资本主义的各种制度，即，那些使市场经济起作用的制度。新闻记者和政治学家们也许会谈论"盎格鲁—撒克逊式"与"德国式""法国式"或"日本式"的资本主义，但这类术语在大多数学术研究和大部分的课程中是见不到的。甚至是"资本主义"这个词都很少用到：经济学家们谈论更多的似乎是市场。在这里，在只有一个卖方（垄断）、有少数几个卖方（寡头）或者有很多卖方（竞争市场）的市场之间做出区分是有用的，但是将其作为分析研究资本主义制度的框架，就显得薄弱了。

还有一种观点认为，经济学家相对较少关注收入分配不均带来的不利影响。积极影响很容易通过标准理论来解释和模拟：为了得到更大的收获，人们会更加努力地工作。但是诸如破坏社会凝聚力及增加社会流动性壁垒等不平等的负面影响却鲜有人提及。因为在利己主义的框架内，负面影响是难以分析的，因而这种分析专门留给社会学家来做。此外，几乎没有经济学家在意是谁拥有财产这一问题。与前文所引用的丘拜斯的看法一致，经济学家们普遍认为，如果财产为私人所有，将会得到很好的管理。另外，所谓的科斯定理（Coase theorem）（非常轻率地）认为，如果没有交易成本（谈判、实施和执行合同过程中所花费的成本），那么无论谁拥有财产权利，资源配置都是一样的。这一理论是在替忽视产权分配辩护。所有权会影响收入分配，但是不应该影响资源使用的效率。当然，如果存在交易成本的话，这一结论就不成立。但是对交易成本的忽视，正是过少关注资本主义的各种制度带来的后果。

最后，因为广为应用的福利标准是帕累托效率（Pareto efficiency），所以经济学家们不够关注个人收入和财富的分配。帕累托资源有效配置是指在没有使其他人情况变坏的情况下，有可能使某个人的境况变好的状态。它对经济学家们充满吸引力，因为它使得经济学家在无需作出必要的道德判断的情况下，将某个人的福利与另外一个人相比较，然后就可能得出有关社会福利的结论。根据主流观点，从约翰那儿拿走1 000英镑，然后将其送给蕾切尔，将会提高或降低福利，这种说法是没有科学基础的，即使约翰已经远比蕾切尔富有。其结果是，分配问题，根据定义就是有关一个人拥有的少而另一个人拥有的多的问题，被经济学家忽视了，因为它超出了经济科学的范畴。

因此，从某种意义上说，经济学家有理由声称自己是无辜的。市场失灵的理论确实存在，并且可以被用来解释俄罗斯的许多事情出现错误的原因。然而，也许是因为在发达经济体中，市场似乎大部分时候都运行平稳，所以经济学家往往不够重视像俄罗斯出现的那些较为严重的问题，比如缺少支撑竞争经济的制度、交易成本、私人成本和社会成本之间的差异、不平等的资源所有权和收入分配等等。强调市场近乎神奇的力量（正如许多经济学入门教科书那样），而不是强调市场会带来的问题，使得俄罗斯的改革者更容易为那些灾难性的政策找到理由。

俄罗斯向资本主义过渡的案例凸显了经济学家未能充分关注制度问题。的确，也有经济学家关注制度［请注意，2009 年诺贝尔经济学奖荣归对公司治理做出贡献的奥利弗·威廉姆森（Oliver Williamson）和对公共资源管理做出贡献的艾莉诺·奥斯特罗姆（Elinor Ostrom）］，但是多数时候，经济学要么是对制度视而不见，要么就是对制度关注的范围有限。现在，制度设计已经成为经济学的一个重要领域，但是经济学家将注意力放在单个市场的设置上，却并不关注经济体系的总体运行状况。经济学家一般谈论的是市场经济，而非资本主义经济，这让人们不去注意这一事实，即资本主义的各种制度不是同质的。其结果是，尽管经济学家在设计小规模的制度上（比如美国的二氧化硫排放市场），在设计拍卖的程序上，取得了成功，但当要解决的问题涉及依赖非常复杂的社会经济制度方可运行的整个社会时，他们所能提供的有用指导少之又少。实际情况很有可能是，经济学家既没有时间来设计以较少代价向资本主义转型的制度，也没有使其适时发挥作用的政治权力。但是，如果经济学中充斥的都是抽象的理论，而这些理论对资本主义正常运行所需的制度缺乏足够的关注，那将是无济于事的。

第 **4** 章　全球化与福利

为什么要进行全球化

　　全球化是一个影响非常广泛的现象，这里很难用短短的一章内容将它全面地论述清楚。然而不管怎么说，它将有关现代经济学的许多重要问题呈现在我们面前，其中就包括了自由贸易原则。自由贸易原则在经济学家群体中得到了广泛的支持。然而，除了与纳奥米·克莱恩（Naomi Kleins）的《无标识》（*No Logo*, *2000*）一书相关联的反全球化运动之外，尚有相当一部分经济学家质疑全球化所能带来的好处能否超过他们亲眼目睹到的它所造成的损害。即使他们支持全球化这一想法，他们也发现，对于全球化发生的方式，有许多可加批评之处。因此，全球化这个问题迫使人们开始关注意识形态——关注在批评者看来似乎是偏见，但却深深根植于许多经济学家头脑中的某些信念，关注相互冲突的观点解决起来为何如此之难，以至于让局外人似乎觉得经济学家在任何问题上都不能达成共识。

　　为了得出全球化是利大于弊还是弊大于利的结论，就必须回答以下两个问题：第一，全球化的后果是什么？第二，这些后果究竟是提高还是降低了社会福利？在回答第一个问题时，我们要考虑到诸如贸易自由化能否提高一个国家的整体收入，还有劳动力与资本的自由流动能否提高贫困人口的收入这些问题。这些问题涉及"实证"经济学，从原则上讲，这些问题与经济学家运用科学的方法应该能够解决的事情有关。而回答第二个问题，则需要对社会福利由什么构成以及全球化所带来的改变如何有助于社会福利的提高等问题，进行道德上的判断。因为这是一个关乎事情应该怎样做的规范性问题，所以如果不对什么事情是好的，什么事情是坏的做出道德判断，就无法去回答该问题。因此在全球化这一研究领域中，经济学家们所得出的结论极有可能受到他们的政治意识形态的影响，或是受到他们对何为美好社会所做出的道德判断的影响。

全球化与经济发展这个问题密切相关：为什么有些国家已经变得富裕起来，而与此同时仍有一些国家依旧贫穷？尽管一些经济学家已经给出了他们的简易诊断，也提出治疗方案，但是经济发展问题依旧被普遍认为包含多样化的因素，诸如政治稳定、教育、投资、现存的商业文化等等，这其中的许多因素超出了经济学的研究范畴。因此，对影响经济发展的因素缺乏共识，便成为经济学家在全球化问题上看法不一致的另一个原因。

1945 年以后的世界经济

全球化是指世界各经济体对彼此更加开放，进而变得更加相互融合的现象。它要求减少阻碍贸易发展并使资本和人员难以在各国间自由流动的贸易壁垒和政府管制。在一个完全全球化的世界中，人们可以搬迁到任何他们喜欢的地方工作，可以像在自己国家那样在别的国家自由投资；任何企业都可以在国际市场上销售他们的产品，并从世界上的任何地方获取他们所需的原材料。因此，全球化需要一个统一的国际货币体系，使得支付在世界各地都能顺利地完成；也需要有一个国际法律体系，使一国当事人有可能进入其他国家从事商务活动，执行与其他国家当事人签订的合同；全球化还需要充分保护财产所有权；同时，需要各国法规具有协调一致性，这样产品销售到其他任何国家时，就不必经过太过复杂繁琐的审批程序。

欧盟是一个清楚明了的例证。它最开始时以比利时、法国、德国、意大利、卢森堡以及荷兰这六个国家之间相互合作的承诺为基础，成立了一个区域组织以整合数量有限的市场。从最初取消关税，允许煤炭与钢铁可以在成员国之间自由流动，成为一个煤钢共同体，到后来逐步发展为各种商品可以在成员国之间自由流动的关税同盟。然而，人们已经认识到，想要建立一个真正的单一市场，进一步推进一体化是十分必要的：必须订立共同的产品标准以及公认的教育资格标准等等。而这些措施的实现往往比消除关税壁垒要慢得多。

最近一次的全球化运动始于第二次世界大战的末期。在20世纪30年代，国际贸易实际上已经崩溃以后，为了应对接踵而至的大萧条，各国政府采用了增加关税壁垒以及进行竞争性的货币贬值等措施以保护就业。在这种情形下，各国对建立一个新的世界经济秩序管理体系进行了不断的尝试，最终布雷顿森林体系应运而生。由于该协议于1944年在新罕布什尔州的布雷顿森林地区最终签订，故有此一名。布雷顿森林体系建立了一个其他国家的货币与美元挂钩、美元与黄金按照固定兑换比率挂钩的国际货币体系,它还要求开展一些促进自由贸易以及降低关税壁垒的活动。但是与20世纪20年代不同的是,为了保证该体系顺利发挥作用,各种国际机构相继成立:国际复兴开发银行,即现在的世界银行;国际货币基金组织和关税与贸易总协定,后来发展成为现在的世界贸易组织(WTO)。

布雷顿森林体系是为了建立一个管理全球经济的体系而进行的一种尝试,但它与我们今天所理解的全球化含义相差甚远。它当时确实在全球范围内尤其在发达国家之间形成了相当大程度的一体化,同时也促进了世界贸易的大幅度增加,但是经济一体化的进程远远没有完成,许多妨碍资本、劳动力和货物自由流动的壁垒依然存在。我们今天所理解的全球化运动是最近才兴起的,其赖以发展的基础也与以往有所不同。其中的原因多种多样,在此无法全部予以阐述,但其中包括20世纪70年代到80年代的种种经历,当时战后的国际货币体系崩溃,世界银行和国际货币基金组织开始扮演完全不同的角色,他们将关注点从西欧、北美、日本和澳大利亚等发达国家转移到第三世界国家——拉丁美洲、亚洲和非洲。自1944年起实施的固定汇率制于1971年崩溃。20世纪70年代是全球通货膨胀率较高的十年,这也使得各国对管理经济的态度发生巨大变化,正如在撒切尔夫人(Margaret Thatcher)的英国政策和里根总统(Ronald Reagan)的美国政策中可见到的那样。

在石油价格继1979年伊朗革命之后急剧飙升时,为了防止通货膨胀如1973—1974年间石油价格上涨之后所发生的情况一样进一步恶化,美国和欧洲政府提高了利息。这样做的结果是,许多第三世界国家爆发了债务危机。在20世纪70年代期间,这些国家借了大量外债，所以要面对为这些债务支付的利息突如其来大幅增加的困境。由于发达国家当时正经历经济衰退，第三世界国家无法通过增加出口来筹集资金，因而面临着不能如期履行偿还巨额债务的义务。与此同时，国际货币基金组织（IMF）和世界银行更多地参与到这些国家的经济和金融事务之中，尤其是，这些组织开始着手帮助设计和实施在第三世界国家进行的内部改革。这是因为他们认为，如果不进行这样的改革，第三世界国家日后能够履行必要的偿债义务（或延期偿还谈判之后所剩贷款的偿付义务）的可能性微乎其微。

在随后的几十年内，"第二轮"国际一体化接踵而至。其理论基础更多是来自于市场自由化而非管制经济的思想。各个国家都致力于通过世界贸易组织多个回合的连续谈判来削减关税。更具争议的是，国际货币基金组织和世界银行试图建立自由市场所需的诸多条件，比如推行保障财产权利、公共服务和国营工业私有化的政策，以及对外国投资者开放资本市场，使外国公司能够进入各国的国内市场参与竞争。这样做导致的结果就是，出现了强有力的制度由美国和其他发达国家所掌控的局面，这被视为是强迫第三世界国家向西方主导的跨国公司开放本国经济，而国内生产规模较小的企业毫无能力与他们竞争。与此同时，尽管这其中的许多政策在发达国家已经得到贯彻实施（例如，英国已经成为私有化的先驱），许多国家也已广泛地放松了管制，但仍有人发出声音，声称这些政策中带有双重标准：第三世界国家是在被迫开放本国市场，而欧洲、日本以及美国却继续保护着农业——这是第三世界国家具有最大有效竞争力的行业。

因此，全球化被看作是一种特定意识形态的具体体现，往往被贴上"新自由主义"的标签，从而与 19 世纪的自由主义区别开来。"新自由主义"的全球化关注的是对商业意义重大的产权问题，而不是如保护工人的权益或建立环境安全标准这样的事情。它提倡竞争，但却表现出对大型跨国企业所施加的垄断力量漠不关心。它要求开放资本市场，使富裕国家获得对贫困国家产业的控制权，然而与此同时，贫穷国家却无法左右富裕国家所奉行的政策。不像在联合国当中，无论国家大小、财富多少，每个国家都拥有一票表决权，在国际货币基金组织和世界银行中，投票权完全与经济实力挂钩，这也就意味着第三世界只具有微乎其微的影响力。

这些令人担忧的问题不仅仅存在于第三世界中。在欧洲和美国，因自由化政策要求采取限制工会影响力的措施，对社会保障制度进行攻击，推行私有化，将公共服务外包给私营部门，提供较少保障的就业条件，以及抛弃累进税（累进税是那些导致富人收入所得缴税比例高于穷人的一个税种），故也被认为会损害劳动者利益。与此同时，有人认为，在自由化政策之下，就业也受到威胁。那些愿意接受比本地员工更低的工资或保障更少的就业条件的移民抢走了当地人的工作。（不容置疑，这一点是真的，因为非法劳工，要面临一旦被当局发现便被驱逐出境的威胁，他们对工作自然会来者不拒）。还有外包也会对本国供应商造成冲击（公司把运营过程中的某些环节外包给其他国家的供应商），更不用说来自外国生产的产品的竞争了。人们认为这些产品成本很低，因为其生产国的工资水平较低，工作条件较差，而这在美国和欧洲是不允许的。

人们普遍认为，这类因素是造成许多国家不平等现象激增的实际原因。在 20 世纪 70 年代前，英国、美国或是其他发达国家的收入分配已经逐渐变得更为平等，但此后，不平等现象开始增多。这些趋势反映出很多因素的影响：经济因素包括影响熟练工人和非熟练工人需求的技术变革，以及来自低收入国家的竞争等；政治或社会因素包括税收政策的变化，以及通过提供失业救济金、免费教育及医疗保健等措施而进行的收入再分配。十分明确的是，若是将 1970 年至 2000 年作为一个整体来看，高收入的增长速度明显快于低收入的增长速度，这也进一步导致了更大的不平等。一些数据表明，处于分配底层群体的收入实际上停滞不前（货币收入增长的速度慢于价格增长），但与此同时，也有其他统计数据显示，这一群体的收入确实也有增加，但增加的速度很慢。不管怎样，总体情况与这一看法是一致的，即，尽管因为不平等还受到许多其他社会因素的影响，很难由此证明任何简单的因果关系，但全球化确实促进了不平等现象的显著增加。

值得注意的是，虽然人们在谈到全球化时，把它视为一种全新的东西，但这并不是世界经济第一次变得比以前更为一体化。有人可能会谈到许多世纪以来，一体化的起起落落。19 世纪的电话和轮船的发明，可能产生了与过去半个世纪里所发生的任何事情同样大的影响。如果经济一体化在以前就曾出现过，那么全球化真的是一种全新的现象吗？显然，对此的回答是，即便经济一体化远非全新的现象，但它发展的规模前所未有。然而，仅凭规模，并不足以宣称它是一个全新的现象。还有，如果不承认19 世纪的一体化带来的那些随处可见的社会变化，也很危险。例如，虽然维多利亚时代的英国人如果想与当地银行谈些事情，并不会发现自己在与印度班加罗尔的呼叫中心交谈，但他的消费模式却随着英帝国和世界贸易的扩大而改变。也许比单纯的规模更具有重要意义的是全球化与经济发展之间的联系。现如今，全球化因为与第三世界的发展密切联系而变得十分重要。但再请注意，与前几代"全球化"的差异不应该被夸大。维多利亚帝国时代的印度民众对本国经济与英国经济的关联一清二楚。这种经济联系会如何影响到贸易和帝国，他们会形成自己的看法。今天，政治环境改变了，经济发展道路的设计方式也随之改变。

还有制度的问题。19 世纪的经济一体化要求推行自由贸易，虽然仍有一些国家保留了保护性关税，就像今天这样。然而，企业仍然是将总部驻地设在一个国家，与设在其他国家的公司进行贸易往来。而如今，全球化受大型跨国公司驱动的程度，不亚于政府。这意味着，国家间的联系纽带是超越市场并实际上不依赖于政府的公司管理结构。生产活动能够以先前不可能采用的方式在全球规模上统筹计划，而且生产活动的这种国际维度对国家政策具有重大影响。

经济学家与全球化

长期以来，经济学家一直被认为是自由贸易的支持者。短语 "*laissez-faire，laissez-passer*"，意思是"让人们做自己想做的事情，去自己想去的地方"，已经使用大约 300 年了。有些经济学家甚至认为：只有异端才会质疑自由贸易思想；否认它，你作为经济学家的资格就会让人怀疑。经济学家如何证明自己对自由贸易所抱有的这个强烈信念？一种观点认为，扩大市场的规模会增加劳动分工（公司内或公司外的专业化）的范围，由此削减成本。然而，自由贸易思想的理论支撑是比较优势学说。通俗地讲，比较优势学说指出，如果每个国家都专门生产与其他国家相比本国最擅长生产的产品，就可以使全球生产最大化。因此，很有可能的情况是，日本生产的飞机和汽车都能够比欧洲更便宜，但是，如果两国生产汽车的效率之差大于飞机，则对日本而言，生产汽车然后出口至欧洲，再用所得收入购买飞机，而不是自己生产飞机，可能比较好。如果欧洲所有行业生产率都较低，那么给它的工人支付的工资就较少，这使得它的产品可以与生产率更高的国家相竞争。关税和其他自由贸易壁垒是有害的，因为它们使生产偏离了由比较优势理论所决定的模式。

比较优势理论需要与另一个理论相配合，即，如果存在完全竞争——企业没有市场势力的一种状态，因为如果他们要是把价格抬高至市场价格水平之上的话，其他公司可能立即夺走他们的生意——生产将能够按照高效的组织方式进行。税赋、补贴、垄断和其他竞争壁垒是有害的，因为它们使生产偏离正轨。像比较优势学说一样，这一思想亦可以被非常准确地表述出来，其结果得到严谨的论证。因此，我们确切地知道，如果市场是完全竞争的，并满足某些其他的假设条件，那么由此产生的均衡将是在没有使另外某个人境况更糟的情况下不可能让任何一个人的境况变得更好的一种状态——这就是"帕累托效率"。该定理和与之密切相关的另一个定理是众所皆知的福利经济学的两个基本定理。经济学家一般都认为，市场不是完全竞争的（随机观察就足以确定，许多市场是由寡头垄断的，企业要从事在完全竞争市场中难觅影踪的广告和其他活动），但是通常的假设是，市场存在充分的竞争，这一理论将会产生有意义的结果。竞争将迫使企业使用最有效的技术，而高额利润是不会无限期地持续下去的，因为其他企业为得到业务要与其展开竞争。

这些措施作为全球化的组成部分，无论是受到支持的还是批评的，通常都被称为"华盛顿共识"（Washington consensus），这是由约翰·威廉姆森（John Williamson）于 1990 年创造的一个术语，用于描述由位于华盛顿的各种各类机构，尤其是国际货币基金组织和世界银行，敦促拉丁美洲国家采纳的措施。这些措施包括下面这些要素：财政纪律、降低边际税率、贸易自由化、消除外商投资壁垒、国有行业私有化、放松管制，以及建立可靠的产权等等。这是一整套措施，旨在创造能够让市场运行、鼓励竞争活动的条件。在动态的背景下，竞争并不意味着企业不能通过提高价格和限制产量来牟取利润：它意味着要诱导企业生产消费者想要的新产品，要让企业找到通过创新降低成本的办法。据信，自由市场和华盛顿共识所包括的一整套措施可能吸引外国和跨国公司前来投资，推出新产品，并刺激本国生产企业进行创新。

然而，尽管有可能找到好的理由，支持所有这些观点，却不能证明它们就是正确的。有一些模型已经构建出来，例如，特定市场中的创新模型，但是一个真正动态的、涵括了经历着技术变革的整个社会的系统，将是如此的复杂，难以为其构建正式的模型。在一个动态的世界里，企业有一定的垄断势力，竞争的表现形式是新公司的进入和创新，在这种情况下，要构建一个反映市场如何运行的模型，都会变得困难。理论模型可能对应该起作用的过程提出建议，但是仅仅通过演绎推理很难证明将要发生的事情。

有一类证据来自对二战以来发展政策所做的详细的案例分

析。威廉·伊斯特利（William Easterly）提供了一类他称之为
"失灵的灵丹妙药"（panaceas that failed）的证据：利用国外援助
增加在发展中国家的投资；提高教育水平；分发避孕药物减少意
外生育；向尚未学会控制通货膨胀的贫困国家提供贷款。在所有
这些情形中，政策的基础都是当时流行的有关如何促进发展的思
想。与此相反，真正成功的发展模式关注的是"人们会对激励
作出反应"这一思想。伊斯特利从两方面总结了经济学的基本
原理："人们做有报酬的事情，没有报酬的事情他们不做"；"人
们会对激励作出反应，其余的一切都是对此的解释"（Easterley，
2002，第 xii 页）。他用下面的文字将其转换成发展经济学思想：

> 如果我们完成了确保第一世界援助捐赠国、第三世界政
> 府和第三世界普通公民这三方都得到正确激励这一艰巨任
> 务，就将推动发展。如果他们得不到正确的激励，就不会有
> 发展。

发展经济学的失败，在伊斯特利看来，是由违背了这些经济
学基本原理的政策引起的。

还有些证据来自于对成功或失败国家的大量研究。通常有人
声称，苏联体制的崩溃表明：中央计划不能发挥作用，而自由市
场显然更具优势。更为细致的研究集中于具有可比性而经济表现
迥然不同的国家。威廉姆森写道：

> 有许多证据——尽管不是所有的证据都足以满足该专业
> 的计量经济学纯正癖的要求——证明竞争市场和开放的贸易

政策实际上有益于促进福利的提高。竞争市场较中央计划有诸多优点,对此最有说服力的证据是在两者起步水平相似的情况下,市场较计划体制有更为优秀的长期表现:比较澳大利亚和捷克斯洛伐克、民主德国和联邦德国、爱沙尼亚和芬兰、中国大陆和中国台湾地区、朝鲜和韩国。(Williamson, 1994,第16页)

这是分歧开始出现之处,因为有人会说,在这些例子中,许多都有十分复杂的情况。二战结束时,民主德国和联邦德国的情况相似,然而民主德国的资本后来被苏联拿走。类似的影响因素可应用于捷克斯洛伐克,尽管程度不同。此外,苏联的计划不单单只考虑经济目标,也包括政治目标:对于苏联来说,东欧的这些国家继续留在它的集团范围内是非常重要的,经济手段是实现这些目标的步骤之一。中国大陆曾是一个庞大的农业经济体,几乎得不到外界的支持,拿它与中国台湾这个对美国具有战略利益的小岛相比较,显然是存在问题的。有人也可能这样说,像韩国或中国台湾这样的经济体,尽管不是共产主义制度,所奉行的政策也是与自由市场自由主义相差甚远。它们当然是开放的经济体,有私营企业,但是投资是由得到政府积极支持和大力保护的产业集团所规划的。这些对威廉姆森所说的“最有说服力的证据”的异议当然并不说明中央计划经济更为优越或者市场经济不能发挥作用,但是它们确实表明,对这类证据需要认真加以权衡。

保护主义政策可能会促进增长,这一论点就是经济学家一直以来都很熟悉的“幼稚产业”(infant industry)保护论,由约翰·斯图亚特·穆勒(John Stuart Mill)在19世纪中期提出。即使一个国家的产业是没有竞争力的，但对其进行保护或许可以将其扶植起来，经过一段时间之后，它就可以自立了，之后可以撤掉保护。有人可能争辩说，最发达国家取得现在的成功就是通过保护性的贸易政策：19世纪末的德国和美国，以及20世纪的日本，都是最显而易见的例子。而且这些国家的经验可以归纳为一般的历史观点，只有当国家发展到一定阶段时，他们才有能力承受自由贸易带来的影响。如果这是正确的，则意味着在国际货币基金组织和世界银行的援助下正在推行的自由市场政策，是在确保第三世界国家不能够得到发展，也就是，不能够发展自己的产业，不能凭自己的力量应对外来的竞争。

虽然幼稚产业论涉及的是国际贸易，但能够形成具有更普遍意义的相似观点。有些事情私有部门不能做，或者私有部门原则上能做但却不去做，无论是这两种情况中的那一种情况，可能都需要政府插手干预。约瑟夫·斯蒂格利茨举了一个养鸡业的例子，这一产业刚开始时是由外界投资的，政府保证在小鸡养大后收购并在市场上售出。曾有人告诉政府，这样的活动应该留给私营部门来作，政府应该退出，这导致该产业无法发展下去：小农户不愿意冒这种风险，购买刚孵化出来的鸡雏，因为不知道小鸡长大后是否能够卖掉。一个私营的营销组织本可以应运而生，但是它并没能及时地出现，使产业存活下来。这是一个'排序'问题的例子，与各种活动获准可以自由化的先后顺序有关。在这种情况下，在小生产者参与到生产活动中来之前，就建立起市场营销体系是至关重要的。（在俄罗斯转型当中出现了同类问题，在第3章我们详细的讨论过）其他排序问题包括资本市场是应该在商品市场之前还是之后进行自由化。有人认为，为了防止顺序出错，就必须有政府干预。

这种观点取决于政府在经济中的作用。反对自由市场的观点认为，政府可以做得更好：它可以创建一个理想的环境，在此环境中，有较高发展潜力的产业得到鼓励，而没有这种潜力的产业则得不到；此外，理想的环境还可以鼓励这类高潜力产业去创新，而不是仅仅享受由保护和高价所带来的利润。印度（在20世纪90年代进行经济改革之前）和苏联的情况被认为是与日本和韩国的成功截然相反的。有人认为，在这两个国家，中央计划和官僚主义压制人们的首创精神，将投资转移到毫无收益的"面子"工程上。例如，印度或许从不应该尝试发展在其五年计划中占突出地位的大型钢铁产业。

然而，反对国家干预的观点并不单是或主要是根据已知事实归纳而得。如果人人都关心自己的福利问题，如果福利依赖于个人收入，那么每个人，包括政府官员和政界人士在内，都将会只关心自己的收入，而不是公共利益。将这一观点应用到公共部门，便成为"公共选择"理论。该理论最好用一个例子来阐述。与政府管制相关联的问题之一是，如果政府有权征收保护性关税或实施管制，那么对企业而言，将资源投资于游说优惠待遇，比投资于生产性活动可能获得更高的利润。这样，不仅资源会被转移到这些"非生产性的"活动上，而且政治家们将会有动力去应对这些压力。因此，政府决策将不会在很大程度上反映出整个社会的利益，而是反映出能对政治进程产生影响的那部分人的利益。民主化进程可能会减轻这种行为，但是他们的影响力可能太弱，因而很难控制它。这些问题在治理结构薄弱的许多第三世界国家中，尤为严重。对于自由市场和自由化的支持者而言，指出资源被转入个人腰包，而不是用来服务于更多人的利益的例子，非常容易。

全球化、不平等和贫困

一般来说，经济学家轻而易举地就能得出结论，称全球化令人向往的；实际上，如果有人提出在贸易或资本流动方面施加限制可能是有益的，经济学家经常会有非常强烈的反应。但是对谁有益？无人质疑肯定有一些人将会受益；问题是这是否是以其他那些不大善于利用所提供的这些机会的人，或那些传统的生计被竞争所毁掉的人为代价。一直有人为全球化辩护，因为它帮助人们摆脱贫困，减少世界上的不平等现象；它也受到人们的批评，因为它未能解决贫困问题，反而却催生了越来越多收入分配愈加不公平的社会。这就提出了这样一个问题：解决一个看似简单的关乎事实的争论，为什么竟是这么难？

最为广泛使用的贫困衡量标准之一是每天花费不到 1 美元的人数。它曾被世界银行行长詹姆斯·沃尔芬森（James Wolfensohn）所使用，用以证明 20 世纪 80 年代和 90 年代（自由化时代）生活于绝对贫困之中的人数在几个世纪中首次下降："在过去的 20 年里，每天花费不到 1 美元的人数，在稳步上升了 200 年之后，现在已经减少了 2 亿"（引用自 Wade，2004，第 571 页）。这句话似乎足够简单明了，但是即便是如此显而易见的简单统计数据亦是问题重重。首先，许多证据所依赖的调查往往有重大错误，既因为人们的记忆出现差错，也因为这些调查忽略了由政府提供的、受益人不用付费的福利。其次，本地货币必须得换成等值的美元。常用的方法是使用所谓的"购买力平价"（purchasing power parity，PPP）汇率，它以不同国家的商品成本为换算基础。关于购买力平价，有一些概念上的问题（包括应该计入哪些商品，以及当市场上商品售价不同的情况下应使用哪一个价格）。此外，有一些国家不参与构成 PPP 数值之基础的研究。第三，由于收入的分配方式，贫困数字对贫困线的选择高度敏感：选择 1.10 美元或是 0.90 美元而不是 1 美元，可能给结果造成巨大的差异。这些只是简单的贫困指数所涉及的许多技术问题中的三个。将他们列举出来的重要意义，不是要说明贫困是不能衡量的，或者要声称不应该相信官方的统计数字（尽管有人认为有充分的理由对其保持怀疑）。这样做只不过是想清楚地说明对贫困的衡量要比表面上可能看到的困难得多。

衡量贫困的另一种方法是采用相对衡量法。每天 1 美元的标准，其中的美元根据各个国家生活成本的差异以及不同时间生活成本的变化进行调整，是在绝对意义上衡量贫困的一种尝试。在理论上讲，处在贫困线上（每天恰好得到 1 美元）的某个人，无论身在何处，无论生活在何时，都应该能够购买到完全一样的商品。可能最严格的贫困定义是使人刚好能满足温饱等基本生存需要的收入水平。或者可以将其设得比这个高一些，设为让人们能够过上相当健康的生活的收入。这仍然是一个绝对的定义，是与生理需要有关系的一个定值。

然而，有人认为更有意义的贫困定义是一个人的收入太低因而不能全面参与社会活动。这可能意味着，例如，一个足够高的收入，能够让某个人的孩子上学，或者可以对贫困进行更为广义的定义。但是当采用这种方法定义贫困时，它接近于是一个相对贫困的定义。在美国或西欧参与正常的社会活动需要的收入高于在印度或非洲村落所需要的收入。在西欧，照理来说，可以认为没有电或者买不起电视的家庭是贫困的，然而即使这样的东西在世界其他地方可能被视为奢侈品。因此，在考虑英国的贫困问题时，有充分的理由使用比如人们是否得到平均收入水平的一半或许甚至是三分之二的收入而不是最低工资作为标准。后者意味着，随着社会变得更富裕，贫困线要相应的提高。

从相对贫困，到收入分配和不平等问题，只是一步之遥。从概念上讲，即使采用相对贫困衡量法，这两者与贫困亦是大相径庭的。收入分配很可能变得更加不公平，但却一点也不会影响到贫困。假设平均收入和贫困者的收入都没有任何改变，但是有资源从高于贫困线的中等收入群体转移到非常富有的人手中。不平等程度将有所增加，但贫困状况没有任何改变。

一些这方面的概念性问题在表4.1中有所说明。该表显示了每十分位人口所得收入占总收入的百分比。完全平等将意味着每十分位的人口将恰好得到总收入的十分之一，但是没有任何国家出现这种情形。在美国，处于最底部的十分位人口只得到1.9%，而与此同时，最上端的十分位人口几乎得到总收入的四分之一。最高十分位的收入者，平均得到的收入是最低十分位收入者的12.5倍（23.7除以1.9）。瑞典相对应的数字是5.5，荷兰的稍高于4.5。瑞典和荷兰显然是更加平等的社会。然而，用这些数字作对比的问题是它们仅看到了收入分配最高和最低的10%人口的情况。为了得到全景图，还有必要比较最高的1%和最低的1%、最高的25%和最低的25%、最高的1%和最低的50%，等等。一般而言，数据的这些比较都能够得出不同的结果。这就是说，需要考虑到衡量不平等的不同方法。

表 4.1　收入分配：20 世纪 80 年代的荷兰、瑞典和美国

十分位	荷兰	瑞典	美国
1	4.2	3.3	1.9
2	6.0	6.2	3.8
3	6.9	7.4	5.5
4	7.9	8.4	6.8
5	8.8	9.3	8.2
6	9.7	10.2	9.5
7	10.8	11.1	11.2
8	12.1	12.3	13.3
9	13.9	13.7	16.1
10	19.7	18.1	23.7

资料来源：Atkinson（1995，第 53 页）。

　　图 4.1 所示的是用相同数据绘制的曲线图：完全平等将意味着最低的 10% 将拥有 10% 的收入，最低的 20% 将得到 20% 的收入，以此类推，如图上直线所示。不平等的程度由该国离这条线的距离表示。在这里，可以看出，美国无论是比瑞典还是比荷兰无疑都是更加不平等。另一方面，来比较一下瑞典和荷兰。代表这两个国家的曲线有交叉：在收入分配的最底端（最低的十分位），荷兰较为平等，而在较高的收入，瑞典更加平等。如果与美国相比较，差距是很小的，但是它们说明了这样一个原则，即有必要考虑收入分配的总体情况，而不是只考虑一两个点的局部情况。为此通常采用的方法是基尼系数，该系数按照平等线与该国的收入分配线之间的透镜形区域的面积除以平等线以下的三角形的面积来计算。然而，即使这种方法也有其局限性。例如，如果我们赋予最贫困群体所得收入一个很高的权重，我们将会认为瑞典（底端 10% 人口所得收入仅占 3.3%）比荷兰更不平等（其所得占 4.2%），即使荷兰的基尼系数更高。

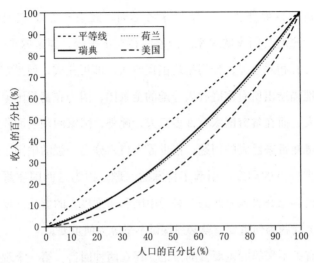

资料来源：Atkinson（1995，第 53 页）。

图 4.1 收入分配：20 世纪 80 年代的荷兰、瑞典和美国

在衡量不平等时出现的这些看似技术性的问题，在考虑全球化的影响时变得非常重要。20 世纪 90 年代和 21 世纪 10 年代最显著的发展就是在收入分配最顶端，比如说前 1%，收入大幅增加，甚至对前 0.1%（最顶端的千分之一）的人口更是如此，尤其是在美国和英国。还有一个趋势，这就是分配底端的人口被中间的人口落下了，尽管这是否与贫困水平上升有关，还取决于如何界定贫困，并因前述的贫困衡量问题而受制于不确定性。因此，甚至对世界银行的数据持有批评意见的人都可写道"生活于极度贫困中的世界人口的比例很可能在过去的大约 20 年中已经有所下降"，即使收入变得更为不平等（Wade，2004，第 581 页）。然而，由于衡量方法问题，这一结论受制于高度的不确定性。鉴于许多贫穷国家人口增长迅速，所以生活在极度贫困之中的人口的绝对数量，也可能已有所增加。

在将世界作为一个整体来考虑时，还有一个更重要的问题——家庭与国家的关系。国家间存在不平等，国家内也一样。前者计算相对容易，使用平均国民收入，即可完成，但是它没有准确地描绘出所有家庭收入分配的全景图，因为在富裕国家有许多穷人，而在贫穷国家有许多富人。此外，国家间领土面积的差异也可能带来巨大的问题。占世界人口六分之一强的中国，还有人口少一点的印度，引起了特殊的问题。因为这两国体量的巨大，世界家庭收入分配的趋势受中国和印度极大的影响。要搞清楚这个问题为何重要，就必须探讨不平等为何重要。

有关不平等的重要性的争论，存在两种回答。第一个观点认为，重要的是整体的生活水平，而不是家庭的收入如何与其他家庭的收入之间的相互比较。第二个观点，通常加上第一个观点，认为激励是经济增长背后的驱动力，而不平等产生激励。如果一个工厂厂长赚得的收入是普通车间工人收入的 10 倍，那么车间工人将会受到更强的激励，更加努力地工作，获得相关技能或做任何需要做的事情，好在日后成为厂长。从这个角度看，不平等不是令人担忧的事情；事实上，它应该受到欢迎，只要穷人的境况实际上并没有恶化。贫困问题很重要，但它可以通过刺激经济增长而得到治愈，而且至少在原则上，这样的情形可能出现，虽未减少不平等。因此，实际情况可能是这样：世界银行和国际货币基金组织所倡导的贸易自由化、私有化和其他措施带来了不平等，但是在此同时也增加了机会和激励，由此刺激了将会为贫困者创造工作岗位的行业的增长。如果这些国家拒绝采纳他们的这些措施，结果将是停滞和更大的贫困。在亚洲血汗工厂里长时间工作或为了将一小部分农产品卖到欧洲或美国市场而从事农业生产劳动，可能看似受到剥削，但真正的危险是没有任何收入。

　　针对这种观点，经常有人争论道，大多数贫困者常常是感受不到全球化带来的这些好处，他们可能甚至发现自己的境况更糟了，而非更好了。随着更现代的行业的出现，曾经使人们能够在传统行业谋生的工作技能可能变得毫无用武之地。在这种情况下，可能发展出根本不适合"先进"经济部门的某些阶层，或者如果他们能够调整自己，适应变化，也只能在个人付出较高的代价后，或是失去收入，或是失去以往的生活方式，才能做到这一点。或许更重要的是，特别是从长远来看，当地居民可能会失去控制力，因为生产可能由来自国外的企业所控制，减少了当地企业家的机会。这并不是要据理反对全球化（尽管自由化的批评者时常遭到这样的指控），只是质疑全球化发生的方式。增大开放程度的影响可能取决于改革是如何展开的，用前面所提到的一个术语来说，就是"改革的排序"。

　　还有一些理由，可以说明不平等可能不会提高效率。激励可能很重要，而实际情况可能是，适度的不平等可能是有益的，但是不能由此推断，极度的不平等具有同样的效果。如果贫富之间的差距变得过大，激励可能会减少而不是增加，而社会流动性也会降低（如在美国和英国发生的情况那样，低收入家庭的子女变富有的可能性低于斯堪的纳维亚半岛国家同样家庭的子女）。鉴于人们通常将自己与比自己更高收入的人相比较，因而不断增加的不平等可能会降低福利。采用问卷法来直接衡量福祉的研究表明，地位是影响福利的一个非常重要的因素，而地位取决于某个人相对于其他人的位置。国家内部的不平等，会带来不断上升的犯罪，而国家间的不平等，会带来不断增加的移民，这两者对福利都有重大的影响。

认真对待证据变得非常重要。自 1980 年前后以来，跨国的不平等现象开始下降，因为世界上两个人口最多的国家，中国和印度，已经快速发展起来。这使人们更难认为，总体而论，自由化已经减少了不平等，因为如果加起来占世界总人口三分之一的中国和印度被排除在外的话，不平等的趋势就不明确。这并不是说中国和印度的变化不重要——这两个国家显然是至关重要的——但是它提出了这样一个问题：中印两国的增长是否是由于某些特殊的情况。尽管中国无疑已经对外开放，但是它仍受到严格的控制，远非纯粹的自由市场模式。中国的成功与 20 世纪 90 年代期间俄罗斯的动荡形成了鲜明的对比，这可能要么说明了引入各种改革的顺序的重要性，要么说明存在中国所特有的其他因素。

跨国比较的另一个问题是，即使国家间的不平等已经下降，可在同一时期，国家内的不平等却大大增加。这在中国和美国极其明显（还有其他国家，如英国）。富裕者与不太富裕者之间的差距已在快速拉大。有一些证据表明，总体结果可能是，不平等程度有所上升，虽然数据可靠性的问题意味着对这一现象的任何判断都带有很大的不确定性。

对全球化的评价

全球化足以成为有借鉴意义的案例研究，这是因为它使经济论证中常见的若干特点显示出来。第一个特点是，对全球化是好还是坏这个问题的任何回答，都取决于对不同人经历的得与失所做出的价值判断。无论发生了什么样的不平等现象，不可否认的是，一些人有所得，而另一些人则有所失；因此，对如何权衡一个人的得与另一个人的失，必须有一个明确的立场。这一点值得重视，因为经常听到经济学家声称，个人对效用的比较涉及价值判断，所以不能成为科学化的经济学的组成部分。如果经济学家对此深信不疑，那他们作为经济学家对全球化的优点（或几乎其他任何政策问题）可能持有的唯一观点将会是"这取决于价值判断"，而他们作为经济学家对价值判断却什么都不能说。然而，经济学家其实并不是这样：许多人坚定地声称，自由贸易和自由化是有益的。有时，还有人主张，增长是有益的，因为它带来了提高每个人的福利的可能性。以《金融时报》专栏作家马丁·沃尔夫（Martin Wolf）与伦敦政治经济学院的教授罗伯特·韦德（Robert Wade）交流时所发表的下列言辞为例：

> 如果一个国家的收入快速增长，它也就拥有大量的财富，可用于改善贫困者的生活状况。也许这届政府拒绝利用这次机会，但是下一届政府可能会（Wolf and Wade, 2002）。

这一说法是正确的。然而，如果政府不利用这个机会去保证每个人的境况都有所改善（这种情况很少发生），我们能够得出这是一次改善的结论的唯一办法就是通过判断富裕阶层的受益和贫困阶层将来可能得到的受益大于贫困阶层现在所经受的损失。这就需要做出价值判断，而价值判断往往是经济学家试图回避的。

从这个案例研究中得出的第二个启示是：它阐述了可能看似简单的问题其实有其复杂性——全球化对于贫困和不平等的影响

是什么？贫困和不平等的度量既提出了概念上的问题，也提出了
实际的问题，其结果是统计数据经常受制于高度的不确定性，需
要相当谨慎地加以对待。理论也提供了指导，但是在此仍然存在
着一些问题：由于问题的复杂性，理论虽阐明了可能发生的事
情，把某些因素考虑在内，但忽视了其他的一些因素。一些理论
（静态的竞争均衡理论或比较优势理论）得到较形式化的发展，
相比之下，其他（关于发展阶段或者是自由化的顺序）的理论必
然是更为不形式化和不完整。结果是，虽然理论和实证研究的确
可以强行推导出结论，但是其发生过程要求在权衡各方面论据时
运用判断，而不是通过精确的形式化的程序，无论是数理逻辑还
是运算，来展示某些结论性的东西。形式化的方法是需要的，但
是它们仅能证实争论中的具体内容，而不能从整体上证实论点。

最后，因为这些困难，经济学家的结论就有可能受到自己的
目标和先验信念的影响。韦德指出，在世界银行的《2000/2001
世界发展报告：向贫困开战》（*World Development Report 2000/2001*：
Attacking Poverty）中，曾说道，自 1987 年到 1998 年，贫困（每天 1
美元以下）人口的数量，从 11.8 亿上升至 12 亿，增加了 2 000 万。
此后，又有报道说，世行没有完成既定任务，因为在这一时期内，
贫困状况仍然未有改观，因而应该削减世行的资金。世界银行接
下来出版的、意义重大的《全球化、增长和贫困》（*Globalization*,
Growth and Poverty）一书声称，从 1980 年到 1998 年，贫困人口
减少了 2 亿（Wade，2004，第 574 页）。上述迹象表明，侧重点
的这一转移可能是由于世行的关注点在发生变化（需要显示它已
经取得了进展，而不是还有重要的问题尚待解决）或者由于对自
由化抱有不同态度的人员在不断变动。这里得到的启示是，没有

人故意曲解事实，而是误差幅度足够大，所以经济学家可能用不同的视角，从实质上相同的证据中，得出相反的结论。

甚至统计数据，看似是"硬"事实，是解释的基础，但却可能比其表面上看起来"更软"。当统计数据是由还负责制定政策的机构产生的时候，问题就可能出现了。如韦德对此做出的解释：

> 设想一下，一个统计机构有两个模型，而这个机构隶属于一个从事政治敏感主题研究的更大的组织。其"外生"模型说，统计数据是由专业人员产生的，在面对没有最优解决方案的困难时，他们能运用自己的最佳判断力来完成这一任务，从管理的角度上讲，他们与组织的战术目标是相互隔离的。其"内生"模型说，统计数据是由员工产生的，他们担当高级经理人（委托人）的代言人，这些高级经理人期望他们像其他员工一样帮助推进组织的战术目标，因此，负责证据统计的员工必须超出界线或职业诚信篡改数据，不然就得辞职。（Wade，2004，第583—584页）

韦德继续评论说，尽管第二个观点不适合世界银行，但世行对应该如何减贫的官方观点的信奉，意味着第一个观点也不适合。在世行的统计单位有部分人员是与其余员工分离的，但只是一部分人。对其他组织还有更激烈的评价，比如出自国际货币基金组织一位前官员的一段话："总裁做出重大决策，然后由员工把这些数字放到一起，去证明这个决策的合理性"（出处同上）。

再次重申，这里谈到的问题不是欺骗——而是说数据本身就存在含混之处，从这些数字可能推导出多种多样的解释，因而就有产生分歧的可能性。或许主要的抱怨应该是,经济学家经常是太愿意得出明确的结论,而不愿强调不确定性。以上述的例子为例,2 000万可能听起来像是一个大数目,但是它只是总贫困人口估值的1.7%,或许恰好是在可能出现的误差幅度之内。在理想情况下,经济学家可能会宣布问题尚未解决,有待进一步获取数据,但是如果有政策议题亟待解决,又如果媒体可能会忽视细微之处和限制条件的话,那么这种犹疑不决在政治上几乎不可能出现,尽管因为缺乏明确的证据,这种犹豫是有充分理由的。

通常认为,影响经济学家下结论的信念或价值判断,从政治动机的意义上说,是关乎意识形态的。事实却未必如此。同等重要的是(如果不是更为重要的话),有关科学应该如何发挥作用,以及具有说服力的论据由何构成的信念。面对统计论据,其本身说服力不够强大、不足以为全球化的某个理论提供令人信服的论据,经济学家不得不运用其他标准在相互矛盾的解释中做出选择。他们有形式化的完全市场经济理论,极为抽象,因而逻辑上非常严谨(尤其是关于竞争的一般均衡模型)。他们也有关于某个问题的基本原理的严谨理论,比如在信息不完全的情况下人们的行为模式,或者在市场由寡头垄断的情况下关税对资本流动的影响。而且还有未被正式表述或证明的所谓"基于史实的"(historical)理论,对于在特定的历史发展阶段保护幼稚工业的论述就是一个很好的例子。这其中任何一个理论的选择都将既取决于经济学家对令人信服的解释由什么构成的看法,也取决于他或她的政治信仰。当然,经常可能很难将二者彼此分开:某些类型的理论受到追捧或许因为它们产生了"合理"或"可信"的结论,但是对"合理"或"可信"的结论由什么构成,很少有确切的定义。

第5章 货币与金融

在过去的30年中，货币和金融领域经历了一系列变革，几乎变得面目全非。直到20世纪70年代末，银行和其他金融机构还是受到高度管制，几乎没有竞争压力，在许多国家，跨境资本流动也受到严格的控制。然而，在开辟结构性变革和创新时期的一系列改革中，有许多限制措施都被取消。这种情况在伦敦表现得最为显著。作为世界金融中心之一的伦敦，于1986年10月27日发生了"金融大爆炸"，新推行的一系列改革措施，一夜间改变了管制金融市场组织方式的法规，并引发了重大的结构性转变，比如允许银行收购从事股票经纪和做市业务的企业。与此同时，新的交易场地的出现和现代技术的应用，也改变了商务往来的方式。在多数人的眼里，伦敦已经成为世界资本市场的中心。但是，正是在伦敦这里，老字号的企业开始消失。现在，一切由美国公司掌控，如高盛（Goldman Sachs）、所罗门兄弟（Salomon Brothers）、摩根士丹利（Morgan Stanley）、美林（Merrill Lynch）、摩根大通（J.P.Morgan）和莱曼兄弟（Lehman Brothers）等公司。伦敦已然成为国际金融世界的一部分，而这多半与地理位置无关。

不仅是金融机构的组织方式发生了转变：自20世纪70年代

初以来的这段时间是来势凶猛的金融创新时期，创造出数不清的新型金融资产。这些资产之所以有可能创造出来，部分原因是由于新技术的应用——在旧的经济体制下，在信息传播缓慢、只能用账簿和纸张来记录贸易情况的世界中，能够发生的可能是一个世纪甚至更早以前金融家所熟悉的贸易——还有部分原因是金融体制中所进行的结构性改革，使得不同的经济活动聚集在同一屋檐下或同一组织中。但是，这种创新之所以会出现，还有赖于一些由经济学家主导的发展。经济学家（在此，是从广义的角度使用该术语，因为"经济学"和"金融学"学科间的界限是非常模糊的）所创立的理论，对许多已经推出并在 21 世纪初变得如此重要的新型金融产品，是必不可少的理论支撑。在新的金融体制下，财政部和中央银行有必要重新考虑他们在政策制定上的传统观点。金融创新迫切需要新的监管方法。

随着 1958 年和 1961 年两篇论文的发表，金融学的学术理论开始发生显著变化。论文的作者是经济学家佛朗哥·莫迪利安尼（Franco Modigliani）和莫顿·米勒（Merton Miller），他们就职于位于美国宾夕法尼亚州匹兹堡市的卡耐基梅隆大学工业管理研究生院。莫迪利安尼和米勒阐明，在一个理想世界里，公司不会在意其业务活动所需的资金是来自于股权融资（出卖股权）还是借款（发行债券）；也不会认为是留存所得利润，为股东创造资本利得，还是将其作为红利，直接配发给股东，之间有什么不同。上述思想很快就成为众所周知的莫迪利安尼—米勒定理，但这两个定理的详细内容对这里谈论的观点并不重要。重要的是，金融理论的基础开始发生变化，不再是实践者的信念，也不再是有关最佳实践方法的经验法则，而是对可自由买卖金融资产的世界里，逐利的理性投资者将会做些什么的形式化的论证。其中套利行为——指通过买卖资产赚取差价而获利——是关键。单从形式上来讲，套利没有任何风险：如果某件物品，比如说股票，正在两个市场上以不同的价格出售，那么套利者可同时在一个市场上买入，在另外一个市场上卖出，从而毫无风险地即刻获利。莫迪利安尼—米勒定理成立所需的条件可能一直是一个实际上并不曾存在的理想世界，但是在理论上推导出严谨的金融学定理，却从此成为可能了。

这一新观点，如 20 世纪 60 年代的人们所认为的那样，在当时很重要，这不仅仅是因为它使科学金融学理论的提出成为可能，还因为它提出了应该如何使现实世界更接近于理想世界的思想。下面这段引自后述故事中的主角之一费希尔·布莱克教授的话，对这一愿景做出了清楚的解释：

> 这个［新］世界，将不会再需要证券公司。非金融公司将会直接向投资公司发行证券。个人将调整股票借贷来满足消费需求，也会根据自己所愿承担风险的程度来买入或卖出投资公司的股票。因此，个人就没有理由拥有或交易非金融公司的股票。（Mehrling，2005，第 235 页）

传统观点是，投资者若想要承担低风险，可以投资政府发行的公共事业部门比如燃气或电力部门，甚至是银行业的股票或股份，这些部门不会令投资人兴奋不已，也不可能获得高额利润，但投资者可以从中获得稳定可靠的利息流或红利收入。而想要承担更高风险的投资者则会选择新兴产业或公司，从事更多的投机活动。但是,在布莱克所描述的世界中,风险由金融公司来进行管理,以便能为投资者提供一份风险种类更多、收益机会更为可靠的菜单。然而,正是这个新世界,制造出 2008 年的头版头条新闻。

资产定价和衍生品

为了理解金融理论与金融实践上的这场变革,我们从"衍生品"问题开始谈起。衍生品是指自身价格由其他一些金融资产的价格来决定的金融资产。例如,期货合约(在将来某一天买入或卖出资产的协议)和期权(以事先议定的价格买入或卖出资产的权利,分别称为"看涨"期权和"看跌"期权)。自从 20 世纪 70 年代早期以来,衍生品交易迅速发展。1973 年 4 月,芝加哥期权交易所开业,开业当天就有 911 份期权合约签售。三年以后,则达到每天 10 万份期权合约的交易量。期权交易高潮是在 1987 年,日均签约量高达 70 万份。

在接下来的 30 年中,其他许多类型的衍生品发展起来,但是期权仍然至关重要,因为它将人们的注意力引向这样一个特定问题——对风险的包装。

衍生品已存在数个世纪,可是为什么市场上这一次"繁荣"现象会出现在这一特殊时期呢?有几个因素与此相关。20 世纪 70 年代,金融市场很不稳定,这可能使投资者比二战后增长相对稳定的"黄金时期"对可减少风险的证券更感兴趣。其次,人们有史以来第一次有可能应用计算机技术进行必要的计算,能够快速地算出让市场正常运行的适当价格。或许更重要的是,直到

1971 年，所谓的布莱克—斯科尔斯（Black-Scholes）期权定价公式被推导出来之后，交易者就知道如何计算期权价值（于是，由此又产生了多种相关类型的衍生产品）。在此之前，那些参与期权交易的投资者都是运用一系列经验法则来决定期权的价值，但是关于衡量期权价值的正确方法始终没有一致的观点。大规模期权市场的出现，则需要有一个共同商定的公式来计算期权价值。

布莱克—斯科尔斯期权定价公式以费希尔·布莱克和迈伦·斯科尔斯（Myron Scholes）的名字命名。之前的十年间的金融学术研究，已经开始让金融学发生了转弯，布莱克—斯科尔斯定价公式正是这些研究的成果。该研究见于大学经济系、商学院，以及银行和其他金融机构的研究部门，其中有一些是由提出理论的学者们所创立。试图想出赚钱招数的实践者们为该研究也做了一些工作，但是他们的研究与更为传统的学术性研究有所重叠，后者致力于探究那些被接受的理论所产生的影响，并试图破解一些实证谜题，比如股价行为。

布莱克—斯科尔斯期权定价公式以经济学家非常熟悉的假设为基础，依据抽象、形式化的理论阐述推导而来。假设我们正在考虑以每股 10 美元的价格在年末购买 American Widget Corporation 公司（简称 AWC）股票的一份期权合约的价值。如果 AWC 公司的股价上升到 10 美元以上，那么期权合约的持有者可以按 10 美元的价格买进股票再抛出，从而获得即时利润。然而另一方面，如果股票最终只卖到每股 8 美元的话，他们就相当于什么也没做：期权失效，任何股票也不会被购买。显而易见，期权是有价值的，而其价值则取决于 AWC 公司的股价。如果个人持有期权，股价上升，他们可获利，但即使股票价格下跌，他们也不会有任何损失。

　　布莱克—斯科尔斯期权定价公式的洞察在于认识到这样一点：在一定的假设条件下，购买股票的一份期权合约的价值等于股票和无风险资产的一个恰当的投资组合的价值。例如：假设有一名投资者，持有100股股票和以特定价格（期权执行价格）出售这些股票的期权（看跌期权）。如果股价很高，期权可能是不会被使用的，因此，期权价值将会很低。另一方面，如果股价很低，期权价值则很高，因为它很有可能得到执行。期权价值将取决于股价的波动性。这种波动性很重要，这是因为价格的不确定性越大，期权对资产而言越具有价值。如果某个股票的价格易于预测，则其期权价值将较小，然而如果股价浮动很大，看跌期权所提供的股价下跌保险会很有价值。

　　布莱克和斯科尔斯阐明，期权价格的变动与相关股票价格的变动恰好相互抵消。这意味着买入股票连同其相对应的看跌期权将会获得一份无风险的收入。这一论证的最后一步，是由罗伯特·默顿（Robert Merton）完成的，他指出：如果市场是有效的，这种无风险收益一定等同于无风险资产（比如短期国库券）的收益。由此来看，有可能推导出一个公式，将期权的价值与股价、期权有效期、期权的执行价、无风险利率以及股价的波动性联系起来。

　　布莱克—斯科尔斯期权定价公式非常重要，因为它提供了一个被认为合理的方式给各种金融资产标定价格。在上一段落中所作出的阐释，虽针对看跌期权，但它也同样适用于看涨期权（购买股份的期权）。它还证明了许多其他金融资产也有近似于期权的特征。比如，公司股份本身就可被视为期权。如果公司价值下降的话，股东有权对公司进行清算，迫使债券持有者和其他债权人承担部分损失。这与公司债券定价相关联，在出现"垃圾债券"的情况下显得尤为重要。"垃圾债券"一词用于指称那些债台高筑、违约概率很高的公司所发行的债券。

衍生品市场的发展需要的不仅仅是有关金融的新思想。相关的法律也必须有所改变，这样才能确保衍生品交易不因被视为赌博而被裁定为非法活动。除此之外它还需要新技术，因为"合成型"（syhthetiz）资产的创造，需要随着价格的变化，不断重新对证券投资组合进行估价。为了看明这其中的缘由，请思考一下上面讨论的关系：

股票价值 + 股票看跌期权价值 = 无风险资产价值

布莱克和斯科尔斯用这一关系推导出看跌期权的价值。然而，通过持有股票与无风险资产的恰当组合，即合成看跌期权，来仿效看跌期权，也是有可能的。希望持有合成看跌期权的投资者时刻关注看跌期权的价值，并持有随价格变动而变动的股票和现金（短期无息国库券）组合。当股票价格下跌时，投资者则转向现金。当股票价格触底（相当于期权的执行价格）时，证券投资组合完全是现金。当股票价格上升时，证券投资组合则转向股票。合成看跌期权也称为动态投资组合保险，因为在股票与现金之间不断调整的组合为其提供了保险。

换一种方式，期权定价公式描述的关系也可以整理为下面这样的表达式：

股票价值 = 无风险资产价值 − 股票的看跌期权价值

这意味着，通过持有无风险资产和卖空看跌期权，可以获得价值变化与标的股票的价格完全一致的证券投资组合。因此，比如说，可以创造出一个完全追踪标普（S&P）指数、富时（FISE）指数或其他任何资产包变化趋势的合成资产或衍生品。这样做的办法是持有短期无息国库券和标普指数期权或其他任何在被跟踪证券的适当组合（可能涉及卖空）。

这些发展成果具有更广泛的意义，以及它们对许多投资者如此有吸引力的原因在于，它们让人们有可能以一种过去不可能实现的方式来进行风险管理。显然，期权和期货市场为那些知道自己将要买卖资产的公司提供保险。不仅如此，它们还提供了很有效的方法，让金融市场的投资者可以改变所面临风险的性质，从而增加收入却不必面临更高水平的风险。这一点很重要，因为如果一个投资者希望多样化，那么寻找收益相关性不强的资产至关重要。大多数股票价格与整个市场表现密切相关联，因此，为了降低投资组合的整体风险，寻找与市场指数关联不太紧密的资产（或合成资产）是十分必要的。投资组合保险能够通过免受股票市场指数波动的影响，使投资者可以构建一个价值不随股票市场变动而变动的投资组合。这就使其成为投资者实现投资组合多样化的理想工具。

虽然金融领域长久以来一直处于经济学的边缘，但是推导出期权定价公式所需的洞察力却直接产生于经济学。期权定价公式的核心是套利的概念。如果两个价格彼此不一致，那么就会有获利的机会。投资者将会卖出高估资产，买入低估资产，从而使价格彼此间处于适宜的关系。正是因为有了套利的思想，股票或看跌期权组合的价格必须等于相对应的无风险资产的价格。套利，作为经济学的主导概念之一，自20世纪50年代末以来，不仅处于布莱克—斯科尔斯期货定价公式的核心地位，还是所有金融学理论发展成果的核心思想。它是经济学领域而不是数学领域探讨的问题。此外，虽然研究现代金融学理论的一些人面临着反对意见，譬如一些著名的经济学家和学术期刊就认为这方面的研究工作不属于真正的经济学范畴，但是事实上，它正是产生于经济学专业的核心地带——尤其是芝加哥大学和麻省理工学院的经济系和商学院。

布莱克—斯科尔斯期权定价公式为许多金融资产创造了潜在市场：有风险的交易能够与金融资产背后最终关联的实际资产毫无瓜葛。比如说，购买与道琼斯指数或富时指数相关联的资产，就有可能在未拥有任何特定股票的情况下，从股价中获利。这完全依赖于价值估算时所采用公式的合理性。然而，这样说并不意味着布莱克—斯科尔斯期权定价公式就是正确的；人们知道，那只是一种近似，在某些情况下，偏离它的程度可能很大。这个公式非常重要，因为没有它的话，交易者不仅不知道如何评估资产，也无法评价其他交易者所做的决定。因此，这个公式在一定程度上来说确实有效，因为金融市场的参与者们都相信它。

可能产生于这个新兴金融世界的问题，在1987年10月19日初露端倪，引起了人们的关注。仅在这一天之内，全世界的股票市场下降了25%。这次股价暴跌的原因之一就是投资组合保险和计算机驱动的交易模式的应用。当股票价格开始下跌时，动态套期保值策略要求投资者转入到现金：他们必须抛出股票，这便推动了股价的下行。由此一来，价格的下降必然会导致人们增加股票抛售，从而使价格进一步降低。但是股价下降过于迅速，以至于不可能以当时市价出售，所以能够立刻以当时市价出售的模型在此发挥不了作用。当这种交易与整个市场相比微不足道的时候可能很有效的策略，在"受保"投资组合占据市场 3% 的份额时则无效。

长期资本管理公司

当上述这些思想被付诸于实践时所发生的事情，已由长期资金管理公司（Long-Term Capital Management，简称 LTCM）的运营实况提供了具体的例证。该公司成立于 1994 年，是一家对冲基金，斯科尔斯和默顿都是该公司的合伙人。其中罗伯特·默顿凭借在衍生品定价方面的成就，荣获 1997 年的诺贝尔经济学奖（费希尔·布莱克于 1995 年去世，该奖项从未追授给去世者）。这家公司采用了各种各样的套利策略。其中一个策略主要涉及买进那些通常是高风险的长期债务和卖空（相当于负资产）安全的短期债券。这种投资组合确保他们免受一般利率波动所造成的损失，并被认为是低风险的。另一个策略是在那些很有可能被收购的公司里做多头交易（购买股份），同时与那些可能是这些公司未来购买者的人做空头头寸（负向控股）。这也是一个低风险的策略：它确保他们免受股价一般波动的影响（买进时的损失能够被卖空时的收益所抵消）。利润所得将来自于相对价格的变动：来自于随着期限缩短变得更为安全的长期债券；来自被收购公司的价格相对于收购公司价格的上涨。

这些低风险策略通常产生的回报都很低。长期资本管理公司通过杠杆作用——使用借来的资金，克服了这一缺点。假如一个公司能够使其资产获得 4% 的回报。如果它有 100 万美元的资本，并借来 9 900 万美元，那么它的总资产是 1 亿美元，这就意味着它能获得 400 万美元的利润。如果按 3% 的利率贷款，那么支付的利息大约是 300 万美元，余下的净收益是 100 万美元——公司资本的回报率是 100%。不利的一面是杠杆作用也会放大损失，所以在上面的例子中，如果公司获得了 2% 而不是 4% 的收益，那么它的资本可能就会被完全抵消。因为这个原因，杠杆（债务与股本比率）通常被限制在 2∶1 的比例，或者有时被限制在 4∶1。然而，由于其合伙人享有盛誉（包括两名诺贝尔奖获得者），而且其投资策略被认为是极其保守，长期资本管理公司设法达到了 25∶1 或 30∶1 的杠杆率。除此之外，长期资本管理公司还大量参与各种类型的衍生品交易。

　　在好几年的时间里，长期资本管理公司的投资策略被证明是正确的。在 1994 年，该公司的收益是 20%；在 1995—1996 年，收益是 40%；1997 年的收益是 17%。但是，在 1998 年 8 月，当俄罗斯宣布将不再支付其债务的利息时，长期资本管理公司遭遇了前所未有的困难。公司投入巨额资金购买了俄罗斯债券，可是其价值骤然下跌。在这之前他们赌的是，随着欧元的到来，欧洲利率相对于美国利率将有所下降，但是由于俄罗斯的违约，发生了与此预期相反的情况。这些事件影响到了美国股票市场，使股价变得更加不稳定。期权价格纷纷上扬，此外，投资人设法用动态套期保值来取而代之，增加了市场的波动性。这对长期资本管理公司的处境产生了灾难性的影响。到 9 月中旬，公司的资产负债表已经从 1 250 亿美元缩水至 1 000 亿美元，而它的资本已从 25 亿美元降至 6 亿美元，其杠杆率升到超过 150∶1。在 1998 年

9 月 23 日，16 家金融机构接管了长期资本管理公司 90% 的资产。尽管此后在新经理的领导下，公司继续运营，但最初的冒险活动已实际上结束了。

对金融经济学来说，这段插曲是成功的吗？一方面，答案是肯定的。经济学原理，尤其是套利和有效市场的思想被用来开拓和利用金融市场。长期资本管理公司攫取到巨额利润，增加了那些参与者的财富。但是，长期资本管理公司的垮台又说明了什么呢？答案很明显：它指出了偶然性的作用。由于采取了高风险的策略，有些冒险的投资获得成功，有些则遭遇失败，这是很正常的。长期资本管理公司先是经历了一连串的好运气，随后而来的却是坏运气。这个回答意味着过多重视事情进展顺利的那些年或失败的那些年都是错误的——或许它仅仅是一连串的好运气后跟随着坏运气。按照长期资本管理公司的计算，破坏其地位的市场走势是一件几乎不可能出现的事。这可以用两种方式来解读。要么是这家公司极其不走运，要么是风险评估所依据的模型有些不正确的地方。

可以认为，经济学思想表明可以利用的获利机会是有的，长期资本管理公司（还有其他对冲基金）所赚到的钱证明了这一理论的正确性。其中有风险这一事实并不能推翻上述看法。但是长期资本管理公司所遭遇的事情也相当明了地指出经济理论有一定局限性。为了弄清这一点，就要弄清为什么本应该确保证券投资组合免于损失的保险策略反而失败了。在此存在两个问题：第一个已经在探讨 1987 年股市大崩盘的情况时简要阐述过，就是投资组合保险要求在股票价格不断下跌时出售股票。如果只有一个公司出售，它只是一个很小的市场参与者，它的行为并不影响其他交易者，那么这个策略是没有问题的。然而，当很多公司开始这种行为时，问题就出现了，因为出售股票对股价构成下行压力，引发进一步的抛售。这是一种不稳定的状态，并可能加剧了20世纪90年代股票市场的波动。第二个问题是，投资组合保险策略假定市场"稠密"(thick)，即有巨大的交易量，因而总是有可能以当前价格买进和卖出股票。在价格变化迅速的时期，比如发生金融恐慌的时候，可能没有任何人会愿意买入。如果公司不假思索就按既定程序售出股票，结果可能就是导致股价暴跌（如发生在1987年10月19日的情况），使得想要在不遭受巨大损失的情况下维持期望的证券投资组合是不可能的。

这表明，对于许多要达到的目的而言，金融市场可以被视为是有效率的，并且可以从套利将消除证券价格差异这一假设得出诸多结论。然而，当涉及影响整个体系运转的政策时，就不能理所当然地接受交易者在高效竞争市场中是价格的接受者这一假设。在这种情况下，基于套利的金融理论不可能产生最好的指导。可能有必要从社会和心理方面，研究市场参与者对新信息做出回应的方式，这一研究路径已被所谓的"行为经济学"所采纳。

货币政策：以英国为例

金融创新和金融市场的自由化改变了货币政策赖以运行的环境。虽然这种改变遍及世界各地 [后来接替艾伦·格林斯潘 (Alan Greespan) 成为美联储主席的本·伯南克 (Ben Bernanke) 声称，到1997年，加拿大、新西兰、瑞典、澳大利亚、芬兰、西班牙和以色列等国家也在力图实现某些形式的通货膨胀目标管理],但是可以用英国的发展情况来阐述这一问题。在 1970 年到 1997 年间,英国的货币政策发生了很多变化。为了弄清楚这些改变的来龙去脉,有必要从 1971 年新出台的"竞争和信贷管控"(Competition and Credit Control)制度讲起。这个新政策旨在开放货币体系,使其更具竞争力,也希望它更有效率。

为了理解英国打算如何让"竞争和信贷管控"发挥作用,很有必要先来弄清楚银行是如何赚钱的。一般来说,银行是借短贷长:银行接受存款或在短期货币市场上借款,同时把钱借给顾客,或者购买长期债券。这种行为可以获利,其原因是存款和短期借款的利率通常低于贷款和长期债券。因为银行的借款是短期的,所以它们需要留存一定的现金作为储备金,或者持有能够迅速变现的资产,以便总是能够把存款还给存款人。持有很高的储备金使银行更加安全,但是这需要与成本保持平衡,因为储备金(安全的短期资产)的利率要低于银行在更具风险性的投资上所得到的利率。监管者(在本例中即是英格兰银行)所面临的问题是确保银行在不被过分管控的状态下保持足够的安全。

在旧体系下,商业银行的活动一直受到一系列管制,包括可以办理的贷款类型,以及可以办理贷款的条件。这些管制措施的制定既是为了确保银行的安全运行,也是为了确保英格兰银行能控制贷款数量,进而控制经济中的支出数量。"竞争和信贷管控"制度力图用一个只通过法定准备金就能运行的管制系统来取代原有的管制措施:只要银行持有的各类安全的短期资产达到了其存款的某一比例,他们就可以自由借款和贷款。然而,事实立即证明这种做法收效甚微。在 1972—1973 年间,所谓的"广义货币"

(被定义为流通中的货币加上一系列的银行储蓄）每年增长大约25%。政府引进了被称为"货币收紧"（corset）的措施，用来防止货币供应上升的太快。货币供应限制意味着如果银行增加太多的贷款，他们将必须追加在英格兰银行的存款额，而这笔存款是不给利息的。然而这一举措在减小通货膨胀的压力方面并不是特别有效，这主要是因为银行能够将业务转移到海外（英国以外的国家），在那里这些管制措施是不适用的。面对世界通货膨胀不断攀升和 1973—1974 年间石油价格上涨的情况，货币供应的高增长率可能是英国通货膨胀程度高于其他大多数发达国家的一个重要原因。英国的通货膨胀率达到了峰值 24%，相比之下，美国为 11%，而工业国家整体来看是 13%。

面对此次通货膨胀和 1976 年的国际收支平衡危机，英国政府开始求助于货币管控，与之配合的还有收入政策（与工会达成协议来限制工资上涨）以及大力削减政府支出的措施。货币体制有所改变：设定了一个货币增长的目标，这部分是为了满足国际货币基金组织提出的条件。在两年的时间里，通货膨胀大幅下降，但是随着 1979 年大选的到来，货币政策变得更加自由，实际利率（因通货膨胀而调整后的利率）下降，因为政府允许支出水平提高，放任通货膨胀率上升。到 20 世纪 80 年代中期，通货膨胀又降回到每年 20%。

即将执政的保守党政府致力于通过控制货币供应的增长率来降低通货膨胀水平，并从 1979 年底开始大幅提高了实际利率。尽管公认最为重要的货币总量（英镑 M3）继续快速增长，但结果还是导致汇率急剧上升。实际汇率（考虑到英国劳动力成本相对于世界其他国家的变化）在不到两年的时间里增长了 50%，这在其他工业国家是一个前所未有的增长。因为大部分的制造业部门都受到国外竞争的影响，不能应对竞争带来的损失，制造业的产量在18个月里下降了12%。1981年的经济衰退是大萧条以来，继1974年衰退之后，最糟糕的一次。其中虽然还涉及其他一些因素，尤其是北海石油生产的启动和1979年石油价格的上涨，但是货币政策显然是一个主要因素。

在20世纪80年代，货币政策在政治议程中一直占有重要地位。为了鼓励自由市场，新上任的政府解除了对货币供应的限制和对外汇的控制。在接下来的几年中，他们设定了广而告之的英镑M3的增长目标，希望这样能够降低对通货膨胀的预期并切实地降低通货膨胀。然而，他们一直不能实现这些目标。为了实现目标，他们曾计划引进新的货币管控机制，比如基础货币控制——控制银行准备金的供给。然而那并未发生作用，于是，取而代之的是调整目标，将更多种类的货币指标考虑进来。在某种程度上，这是不可避免的；在英国和其他一些地方，金融自由正使投资者可以轻而易举地将资金从一种资产上转移到另一种资产上。如果一类存款受到管控，有可能找得到不受管控的替代品。因此，现状发生了改变，从目标不可信（因为目标从来没有实现过）变为目标不够确切，市场不知道是否已经达到了这些目标。

在20世纪80年代末期和90年代早期，英国货币体系与新兴的欧洲货币体系（EMS）之间的关系问题，也开始影响到货币政策。在1987年的一段时间中，英国政府利用利率来达到"遮蔽"德国马克的目的。不久之后，1990—1992年的这段时间里，英国加入了欧洲货币体系，汇率的变化必须限定在一定的范围之内，这一需要限制了利率水平的变动。这是一个巨大的灾难。或许是受到竞选考虑的影响，或许是由于对 1987 年股市崩盘后引发的世界性经济衰退的担忧，政府一直使英国的利率保持在非常低的水平，最终导致了通货膨胀，以及经济活动水平增长的不可持续。经济繁荣在 1991 年彻底崩溃，导致出现战后的第三次萧条。对欧洲货币体系来说，这一时期也是极具灾难性的，因为德国统一对金融领域的影响而压力重重。最终，英国在 1992 年突然退出了欧洲货币体系。

正是在由这些事件所构成的背景下，1997 年上台执政的工党政府开始推行新的政治制度。在过去 20 年间，货币政策无疑未能实现为其设定的目标。无可否认，在政策的其他方面，有很多大的冲击和错误，但是有一点是很清楚的，这就是货币政策体制没有很好地发挥作用，而且有大量证据表明，很多问题源自货币政策。尤其是，货币政策的操作变得高度政治化，利率的每一个变化都要考虑到政治后果和经济后果。为了给予货币政策更多的稳定性，为了确保其具有一定的连贯性，就要使其远离政治舞台，并改变对其进行管理的方式，这样做是很有意义的。

新体制包含两个主要因素：（1）努力实现为通货膨胀率设定的正式目标；（2）建立英格兰银行的运营独立性。为此，英国通过了相关立法，要求政府每年制定通胀目标，最初的目标设定为每年 2.5%。英格兰银行要完成这样一个任务，即将通货膨胀维持在这一目标的上下 1% 范围之内。为了实现这一任务，成立了一个新的机构，货币政策委员会（Monetary Policy Committee，简称 MPC），委员会每个月开一次会，其成员不仅包括英格兰银行的官员，还包括独立专家（经济学家）。货币政策委员将会使用预测及相关信息来设定利率，其唯一宗旨就是实现政府设定的通货膨胀目标。通过定期发布通货膨胀报告，以及每次会议之后不久，公布货币政策委员会会议记录和投票记录，来确保透明度。此外，他们还制定了一项非常明确的政策，说明没有实现目标的后果。

与此同时，英格兰银行不再负责维护金融体系的稳定，而是将这一责任转交给了新成立的金融服务管理局（Financial Services Authority，简称 FSA）。有人认为，建立监管制度是需要单独考虑的一个问题，不可与利用利率和金融市场中的其他操作来控制通货膨胀问题混为一谈。此举旨在阐明这种制度；在旧制度下，对银行储备金率的规定（他们需要持有的现金和其他短期流动资产的水平）既是一种确保银行一直能履行其义务的手段，也是管制银行活动的一种方式，从而控制着经济中银行的存款额。在新的制度下，银行储备金率失去了后面的这个作用。

监管制度创建于 1997 年，尽管它显得更加正式，但仍与其他国家建立的制度有很多共同之处，并且反映了很多学术文献中推荐的那些最佳做法。早些时候，其重点是放在分析政策改变的影响上（如果政府支出增加了 100 万美元，或者利率从 5% 上升到 6%，将会发生什么）。然而随着 20 世纪 70 年代应运而生的宏观经济学新方法的出现（见第 7 章），其重点转移到分析政策机制上，或者制定政策时所采用的规则（如：如果失业或通货膨胀改变，有关当局会如何应对）。1997 年的制度要求制定明确的政策规则；它们的实施被视为一种技术问题。随之而来的关注点是避免货币政策产生出乎意料的后果。公布货币政策委员会可获得的信息及其投票记录旨在使出乎意料的成分最小化。比如，即使货币政策委员会没有改变利率，投票记录可能会表明，是否是全体一致投票支持不改变利率的决定，还是绝大多数人做出了这样的决定，这样观察者就能够估计到下个月利率变化的可能性。赋予可预测性这样的重要意义可以说是由于经济学家重视未预料到的政策调整所产生的扰动效应的结果。

更为重要的是，设计这个监管体系旨在实现可信性。大量的经济学文献声称，如果公众相信已宣布的政策将会得到贯彻执行，那么货币政策就能够以更低的成本改善通货膨胀状况。例如，假设政府宣布运用货币政策（利率）来缓解通货膨胀。这一理论表明，如果公众相信通货膨胀将会下降，那么这对产出以及失业的影响，将会远小于公众怀疑政策是否实际上会得到贯彻执行时所产生的影响。因此，可以认为，这一体制的设计是对直接出自于先前 20 年的宏观经济学文献中的思想所做出的回应。关注通货膨胀也和出现于 20 世纪 70 年代的新宏观经济学理论相一致的，因为在这些经济模型中，通货膨胀的变化被视为是与产出水平和就业情况的变化密切相关的。

这一监管机制也与下面这一观点相一致：金融是一个在宏观经济稳定性不会受到威胁的前提下，允许私人金融机构在从事自己的业务活动时不必受到过多管制的领域。创新将会受到鼓励。货币经济学和金融学的分离在文献中有所反映，但是用模型构建两者关联的经济学家为数却相对较少（伯南克 1981 年发表的一篇关于信贷对经济活动水平之重要影响的文章则是一个例外。然而，尽管他显然具有一定的先见之明，看到了破产的严重性，但是即使是他的著述仍然未能完全揭示出金融组织对宏观经济的影响）。金融是一种使经济活动更加高效的方式，财政政策关注的是个体机构的稳定性，而货币政策则关乎宏观经济的稳定性。应该允许人们在风险投资中进行投机,同时也要承担这一行为所产生的后果。其结果是,即使英格兰银行看见了正在显现的潜在危险,却还是不能提高利率来应对股票价格和房地产行业的投机热潮。英格兰银行行长默文·金(Mervyn King)所能做的就是发布一个预警,提醒人们小心谨慎,希望能够借此逐渐降低人们的预期,该预警的力度之强足以引起人们的认真对待,但又不至于引发恐慌。

还有一点值得注意,这就是货币政策委员会(MPC)基本上是向商界和学术界的经济学家们,还有英格兰银行的高官们(他们当中有一些是经济学家),赋予了实现这一目标的责任。政治人物参与设定目标,但是一旦目标已定,他们也就没有进一步发挥作用的空间了。这就是独立运行的意义所在。因此,评估未来的经济状况,预测在不远的将来会影响通货膨胀的因素,以及经济将对利率的变化做出的反应,这些任务都留给了经济学家们。尽管此前一直寻求经济方面的建议,而英格兰银行一直都在发出强有力的声音,但过去最终的决定权还是落在某个政治人物的身上。

在最初的几年里,这一制度似乎是十分成功的,随之而来的是经济几乎长达10年的稳步增长,通货膨胀稳定在较低水平,还有失业率日益下降。与早前几十年相比,货币政策的问题似乎已经得到解决,这证明无论是操控此制度的人还是作为其基础的经济思想都是卓有成效的。然而,具有重大意义的是,经济表现的这种改善发生于人们后来所谓的"大稳健"时期,这一时期是在2001年的经济衰退明显趋于平和之后出现的。考虑到外部事件对英国经济发展的重要性,经济的稳定不能只归因于英国的政策。当然，如果我们认为大稳健反映了全世界主要政策制定者的一种共享智慧，那么它很有可能应该归因于政策体制。

如果估计是可信的话，那么银行设定的利率若有一个百分点的变化，就会引起通货膨胀发生 1/3 个或 1/4 个百分点的变化。由于在货币政策委员会存在的最初几年，利率仅有 4 个百分点的变化，所以这种行动的直接影响不会超过 1 个百分点。因此，如果新体制是稳定的原因，那么它必然对预期产生了一定的影响，因此，它改变了经济主体的行为。如果人们认为货币政策委员会能够做到任何需要做的事情去实现通胀目标，那么不需要货币政策委员会采取重大行动，这个预期就可以自我实现。至于最近的政策变化，最好把它们归入到对 2007—2008 年全球经济危机的讨论之中。

2007—2008 年的信贷危机

2007 年 8 月 9 日，法国巴黎银行宣布冻结旗下的三支投资基金，因为银行已经认定，这三只基金不再能够对最终由美国次贷抵押贷款做后盾的贷款做出正确估价。这些贷款贷给了收入有限或无固定收入的人，使他们能够购买住房。在利率很低时，购房者能够维持贷款的偿付，但是，在过去的 3 年里，利率大幅攀升，推高了贷款的违约率。在努力管控风险的过程中，抵押放贷者把这些抵押贷款重新打包（将它们转嫁给其他机构）。这些被重新打包过的贷款随后被再一次打包成为风险程度不同的其他资产，而后进一步转售给其他金融机构。为了评估风险，他们动用了统计模型，但是这些计算只能评估个别风险（某些家庭可能会违约的风险), 却不能解决在作为整体的体制中出现的问题。巴黎银行的这个决定并不是危机的第一个信号, 因为危机早已影响到了美国投资银行贝尔斯登 (Bear Stearns), 但它表明, 这次危机将变成全球性的危机, 主要银行所依赖的短期信贷市场将会失灵。

欧洲中央银行、美国联邦储备委员会和日本银行都做出了回应, 提供额外的信贷, 还降低了利息, 但是, 这些措施也并没有解决信贷枯竭的问题。银行间的拆借利率显著上升, 这是资金短缺的一种反映。在 2007 年 9 月 13 日, 英国的北岩银行 (Northern Rock) 被迫寻求英格兰银行的支持。这一举动导致该银行在 2008 年 2 月被国有化。北岩银行比其他抵押放贷者更加高度依赖在货币市场上筹集资金的能力, 这使他们能够扩大借贷, 其规模远远超过从存款者那里筹集到的资金。在随后的几个月里, 尽管中央银行为增加信贷流动性做出了进一步的尝试, 但是十分清楚的是, 资金的流失现象即将蔓延至整个金融系统, 不仅包括银行, 还包括提供所谓保险 (即旨在将风险资产转变成安全资产) 的公司。

在 2008 年, 随着危机的蔓延, 美国和欧洲各地的房价日益下降, 使得更多的房屋购买者拖欠抵押贷款的偿付, 一些银行因此破产, 大多数被竞争对手以极低的价格收购, 售价仅是几个月前其价值的一小部分。在美国, 被伤及到的投资银行包括: 贝尔斯登, 被摩根大通收购; 美林证券, 被美国银行 (Bank of America) 收购; 还有雷曼兄弟, 最终破产。在商业银行中, 美联银行 (Wachovia) 被富国银行 (Wells Fargo) 收购。美国政府实际上也收购了两家最大的抵押放贷机构及其最大的保险公司——美国国际集团 (American International Group)。在英国，政府作为中间人促成了一个收购协议的签署，据此苏格兰哈利法克斯银行（Halifax Bank of Scotland）被更大的劳埃德银行（Lloyds TSB）收购，但是，当苏格兰哈利法克斯银行的坏账程度被揭露后，劳埃德银行不得不寻求政府的帮助。在欧元区，大量的银行和保险公司不得不被国有化或注资，方得以摆脱困境。

政府已是竭尽全力，防止各大银行倒闭，因为银行倒闭，顾客突然发现无法从银行提出现金，将会导致经济活动戛然而止。美联储主席伯南克，在学术生涯中曾参与研究过大萧条，他清醒地意识到，银行系统的崩溃是导致大萧条变得如此严重的一个主要原因。因此，此次经济低迷致使他采用了将利率降至几乎为零同时伴有信贷注入的方法来加以应对，这一政策后来被英格兰银行所采纳。然而，在 2008 年期间，信贷短缺以及因消费者累积资产而出现需求不断下降的情况，显然将会引发严重的经济萧条。2009 年 6 月，曾为美国产业标杆企业的通用汽车公司，在政府支持下进行重组之前，一度申请破产保护。最初人们预想，经济危机与股票市场的崩盘会像 2001—2002 年互联网泡沫危机一样，不会对实体经济产生太大影响，但是，这种希望很快就破灭了。根据美国国家经济研究局（National Bureau of Economic Research，简称 NBER）对两个季度经济负增长的定义，在 2008 年末，美国已经进入了经济衰退，显然这也将成为世界性的问题。所以，亟待解决的问题是何为最佳应对政策以及此次衰退将何时结束。

现行的货币与金融理论

十分清楚的是，从 20 世纪 70 年代引进的新型金融市场，到

2007—2008年间的经济危机,以及政策制定者的应对措施,这些事件都是政治和社会巨大变革的产物,远远超出经济学这门学科的范畴。然而,同样清楚的是,在它们所产生的结果将会反映出接受相关思想并将其付诸实践的方式的同时,也可能得出有关经济学是如何发挥作用的结论。最重要的一点是,尽管当前出现了一些问题,但是现代金融理论在解决这些问题上仍然发挥了作用,这具有重大意义:许多人,包括创建这一理论的一些经济学家,运用这一理论改变了金融市场,并变得非常富有。基于这些新的金融理论,创造出新的金融产品,并开始在市场上进行交易,而且在许多人眼里,这些金融产品已经成为商务活动中必不可少的一部分,它们使公司能够以新的方式筹集资金,并管理所面临的风险。这一理论起作用的部分原因当然是因为参与金融市场的大多数人想赚钱,想利用出现在自己面前的机会(这种套利行为的本质,是从莫迪利安尼—米勒定理到期权定价理论在内的现代金融理论赖以存在的基础),而且这一理论能够处理具有明确界定的属性、便于精确建模的资产。然而,要让这一理论起作用,现实世界必须做出改变。除了要对治理金融体系的法规做出必要的改变,并促进信息技术不断进步之外,还有一点很重要,这就是要让交易者相信这些模型,并开始表现出特定的行为方式,这样金融资产估值公式就发挥作用了。如果交易者不相信这一理论,那么该理论就不会起作用。

经济论证正设法部分地回答第一章开篇中女王提出的问题:为什么没有人预见到这次经济危机?股票市场的崩盘是不可能预见到的,否则人们早已预见到它的到来。然而,这只是一部分情况。尽管有可能无法准确地预见何时将发生崩溃,但有许多经济学家确实看到了一些严重的问题：他们预见到在某一时刻突然出现崩溃实际上是不可避免的，尽管他们不能预见危机将何时到来，也不能预见这场危机究竟有严重。

然而，尽管从某种程度上说，理论确实起到了作用，但是它不能判断金融创新所造成的更广泛的影响。金融理论以"市场是有效的"这一主张为基础。虽然也有一些相反的证据存在，但是大多数金融专家还是愿意相信"有效市场假说"是一个足够好的理论。其结果是经济学家（显然也有一些例外）未能考虑到金融创新对经济带来的整体影响。为了找到女王所提问题的答案，英国国家学术院（British Academy）组织了一个论坛，共有33位著名经济学家和公众人物参加了论坛的活动。在论坛上，蒂姆·贝斯利（Tim Besley）和彼得·亨尼西（Peter Hennessy）向与会者报告了他们得出的结论。他们声称，未能预见经济危机的到来"主要是由于英国和国际上的许多聪明人士未能运用集体智慧、去理解整个金融体系所面临的风险"（www.britac.ac.uk/events/archive/forum-economy.cfm，访问于2010年2月19日）。事实上，这个判断低估了存在的问题。因为这些理论无疑呈现出对世界的乐观看法，直接促使人们"未能运用集体智慧"(failure of the collective imagination)。显然，没有人想到，资产管理者们可能并不了解自己所经营的资产，这在一定程度上，不仅损害了自己所效力公司的利益，还破坏了整个金融体系；也没有人考虑到，金融体系如此脆弱，倘若没有官方的大力干预，就不能维持下去。

如同我们在第3章所探讨过的俄罗斯从社会主义向资本主义过渡的例子一样，经济学推理的实际结果很难摆脱政治失误和个人过失这两方面因素的影响。当利润和收入都很高时，任何警告都很难打消交易方的热情。在这一时期，有许多记述显示，有人曾怀疑金融体系出现了问题，但是，不是无人听信他们的想法，就是隐瞒自己的怀疑。也有一些人不愿承认自己正在冒险。吉莉恩·泰特（Gillian Tett, 2009）对这一现象做出了清楚的解释。摩根大通的银行家们创造出的许多产品在2007—2008年间不再受欢迎。尽管他们在风险管理上经验丰富，但是却不能够搞清楚，他们的竞争对手如何通过交易赚得如此多的钱，而根据摩根大通银行的计算，那些交易几乎是不能盈利的。只有在危机到来，银行陷入困境时，他们才恍然大悟，原来他们的竞争对手们对自己所面临的风险一直视而不见。只要市场还繁荣，他们就会对各种警告信息不予理会，比如保罗·克鲁格曼有关"萧条经济学的回归"的那些警告，约瑟夫·斯帝格利茨发表的股票市场的扩张包含着"自我毁灭的种子"的论断，或罗伯特·希勒（Robert Shiller）对"非理性繁荣"（来自于艾伦·格林斯潘的一个词语）的分析。这些作者可能被当作是过分悲观的唱衰者（Cassandra），受到意识形态的驱使，缺乏对自由企业精神的信仰，因而不被人理睬。（例如，作为布什政府的一个犀利的批评者，克鲁格曼已经竖立了一个公共形象，这很容易使人认为他的经济分析是受意识形态所驱使，从而对之持否定的态度。）

自20世纪70年代以来，经济学家对货币政策的理解无疑大有长进：鉴于政策制定者面临的动荡和挑战，经济学家几乎不可能做不到这一点。在20世纪90年代，英国和许多其他国家出现了一个得到广泛（虽然并非所有人）认同的共识，这就是，保证维持低通胀的承诺要与为了实现这一承诺所采取的以利率为中心的务实方法相结合。设立通胀目标本身反映了这样一个信念，即，就业和生产率问题最好使用其他政策工具或交给市场来解决。货币政策与金融体系的监管相脱离，被证明是2007—2008年间出现的一个严重问题，但政策制定者却将其合理化，认为这是切实可行的劳动分工，将会使英格兰银行和英国金融服务管理局（FSA）专注于各自的专职任务。这大概应该是由经济学家提出的一个问题，但是金融并没有出现在用于解释政策规则如何发挥作用的模型中。

也许可以这样说，经济学家们之所以未能预见问题的出现，是由于他们盲目地致力于理性选择模型的研究。然而，应该注意的是，即使是内部人士，比如，在摩根大通银行对创造衍生品起到推动作用的那些人，也无法相信其他银行在进行荒谬的冒险。他们理所当然地认为，他们的竞争者一定在监控所面临的风险：不这么做将是不理性的。观察到给经理人发放薪酬的方式可能会使人们发现，关注短期回报对经理人来说是完全理性的行为，即使这意味着追寻这种策略可能会使公司破产。这只是答案的一部分，因为它并没有回答为什么报酬契约会采取这种方式。

2007—2008年的经济危机也针对宏观经济学理论的作用提出了一些严肃的问题。使用利率来实现通胀目标的货币政策机制，其背后的理论支撑正是宏观经济学。或许较为公平地说，这场危机，就当时能够对其做出预测的情况来看，仅被一小部分经济学家所预测到。这令许多经济学家确实倍感意外，迫不得已开始重新思考自己的立场。而其他的一些人很可能意识到了即将出现的潜在问题（尤其是日益上涨的房价和股票价格，以及日益增加的债务），他们甚至拥有分析这些问题的工具，但是他们并没有意识到这些问题将会变得有多么严重，或者经济危机多久后会发生。毫无疑问，这可以由上面提到的原因部分地加以解释：在经济繁荣时期，声称不断增长的财富是建立在最终将会崩溃的纸牌屋的基础之上的那些人的论述，人们是极为不愿倾听的。我们在第7章将更详细地介绍宏观经济学理论，所以它在经济危机中所起到的作用最好推迟到那时再做讨论。

第二篇
对经济学的历史考量

第一篇通过几个实例，论述了经济学发挥的作用，从中有可能得出一些有限的结论。不论是对经济学采取嗤之以鼻的态度（显然该学科已经取得一些值得赞扬的成就），还是将这种对经济学的担忧束之高阁（有理由相信，在一些重大灾难性事件中，这些担忧发挥了重要的作用），都是错误的。还有一点很明确，这就是：应用经济学在解决严密定义的问题时最为成功；但对诸多较为宽泛的、需要同时考虑政治或社会现象的议题，应用经济学的运用则容易出现问题。其实，这两个结论都不足为奇，但评论家们竟会如此频繁地究其一点，而忽视另一点，着实令人颇感奇怪。

要理解经济学领域正在发生的一切——看清这些案例研究背后更加深刻广泛的背景——我们必须做更深层的探究，因为要看清这个背景，我们就必须理解经济学家们提出各种思想的缘由，否则我们就不可能明白为什么在这一学科中会持续存在各种分歧。要做到这一点，我们需要研究经济学的近期历史。一个很好的研究起点就是经济学家给经济学所下的定义。尽管这些定义可能并不足以描述经济学家们实际上在做些什么，但却可以多多揭示他们如何理解自己正在做的工作。本书的第6章通过论述何谓科学性来探索这个问题，因为从这个视角，我们可以看到，经济学家们对本学科中的好论点由何要素构成这个问题所抱有的观点。

这样就自然过渡到第 7 章,这一章试图去构建一系列描述经济整体如何运行的科学理论:探寻更为严谨的宏观经济学。此后,我们转向意识形态的问题(第 8 章)和经济学界的各种异见(第 9 章)。虽然所有这些探讨历史较为久远,但我们关注的焦点是第二次世界大战以后的这一时期(偶尔会涉及 20 世纪 30 年代),因为现代经济学思想主要形成于这段时间。

第 6 章　创建"科学的"经济学

经济科学

世界计量经济学会（Econometric Society）创建于 1930 年，旨在促进数学和统计学在经济学领域的运用，当时的章程反映出对何谓科学性的新观点：

> 本学会的主要宗旨是促进致力于将解决经济问题的理论定量和实证定量两种方法相统一的研究，促进以类似自然科学的建构性和严谨性思维所指导的研究。（www.econometricsociety.org/society.asp#constitution，访问于 2010 年 2 月 20 日）

对世界计量经济学会的创立者而言，富有科学性就是要通过严谨的方法得出研究结果，就是运用数学方法获得比运用文字分析方法可能得到的更加严谨的结论。科学严谨性意味着逻辑严谨性，要求经济学应关注准确定义的数学模型的建构和分析。因此，经济学理论的严谨性就是要简化问题，将它们用公式表述出来，形成几组方程式，从而可以用合适的数学方法加以操作。这样一来，经济理论的命题就可以像所采用的数学技巧那样严谨。假设可以是武断和抽象的，但从中得出的结论则是严谨的。

这迥然不同于在两次世界大战之间那个时期许多经济学家，尤其是美国经济学家所持有的观点。当时的科学严谨性是指确保科学理论深深根植于现实社会。对早期的这一代经济学家而言：

> 具有科学性意味着要投入时间和资源进行更多、更可靠的经济观察，获取定量数据；拒绝接受理论的一成不变，允许经验观察，包括统计分析和实验检验，对理论进行检查和检验；要有理性，不感情用事，尽可能不受意识形态偏见的影响；运用与相关领域科学知识相一致的行为或动机前提，尤其是心理学；创建可用于解决具体问题的知识。（Rutherford，1999，第 236 页）

从 20 世纪 30 年代起，世界计量经济学会对严谨性的理解变得愈来愈有影响力。经济学逐渐被看成是一门以建模——构建经济活动的数学表达形式——为中心的技术学科。

这种转变反映了在自然科学领域中严谨性概念的变化。对 20 世纪早期那些伟大的应用数学家，如亨利·庞加莱（Henri Poincaré）和阿尔伯特·爱因斯坦（Albert Einstein）来说，"严谨性"意味着数学建模要直接以实验结果为基础。具有严谨性意味着要受实证数据的约束。然而，部分地是出于对相对论和量子力学取代经典物理学做出某种回应，严谨性反而与科学和数学中的形式推理联系在一起了。建模其实就是建立理论的逻辑一致性，而不是硬将理论与数据捆绑在一起。

　　方法问题与"经济学是什么"这个问题有着潜在的联系。传统上是按照经济学的研究主题将经济学定义为"对财富的研究","对商业体系的研究"或者，用剑桥大学经济学家、20世纪代表性经济学教科书的作者阿尔弗雷德·马歇尔（Alfred Marshall）的话说，是"对日常商业生活中的人类的研究"。但根据这样的定义，是搞不清楚经济学是否能够运用高度严谨的数学来研究的。数学对经济学研究有一定作用，但其作用是有限的。马歇尔在《经济学原理》(Principles of Economics, 1920) 一书中拒绝采用数学方法（只限于在注释和附录中用到数学）就很好地反映出这一点。但是，对于经济学是什么还有另外一种观点，主要关注作为经济活动基本特征的"经济化"(economizing)，即有效利用资源。借助于该传统，伦敦经济学院的莱昂内尔·罗宾斯（Lionel Robbins）提出了一个经济学定义，更加契合于严谨经济学理论的创建。在《经济科学的性质和意义》(*An Essay on the Nature and Significance of Economic Science*, 1932) 一书中，罗宾斯提出了那个最终引起最广泛争议的经济学定义：

　　　　经济学是把人类行为当作目的与具有各种不同用途的稀缺手段之间的一种关系来研究的科学。(Robbins, 1932, 第15页)①

　　罗宾斯使其定义的标新立异程度最小化，但它却产生了重大的影响。虽然他本人并不热衷于数理经济学，也不是世界计量经

---

① 译文节选自［英］莱昂内尔·罗宾斯：《经济科学的性质和意义》，朱泱译，北京：商务印书馆，2000年版，第20页。——编者注

济学会的创始人，但他的定义却表明，严谨的数学方法有可能成为经济学的核心。因为经济科学就是要探讨在资源稀缺条件下的选择所产生的后果。对稀缺资源的最佳利用，直接导致经济学致力于研究最优化这一观念的形成，因此，出现了可以使用微分方法的想法。由于它是一个"分析性的"（analytical）定义，不同于此前确定经济学研究对象的"分类式"（classificatory）定义，因而其另一个后果是经济学给行为的某一个方面做出界定，从而"任何一种人类行为都属于经济普遍原理所涉猎的范畴……对经济科学的研究对象没有任何限制"（Robbins，1932，第16页）。

尽管经济学家有时把这作为经济学定义来讨论，但是，它却经过了数年才得到广泛认可，但即便在这个时候，也还有一些杰出的经济学家拒绝了这个定义。教科书仍然继续采用传统的定义，人们在学术期刊上讨论这个定义时，通常不是批评它过于宽泛（几乎涵盖了人类行为的各个方面，例如政治进程），就是指责它过于狭窄（失业问题与未利用资源有关，而与稀缺性无关），并且认为这个定义对经济理论持有偏见，否认了历史和实证研究。直到20世纪60年代，罗宾斯的定义才获得广泛接受。这也不是巧合。这一时期，即30年代到60年代期间，恰恰正是经济学成为由数学占主导地位的学科的年代。

第二次世界大战大大加速了将经济学看作是技术性很强的数学学科的趋势。当时许多经济学家进入政府服务机构，致力于解决与战事有关的问题。很显然，这些经济学家受聘于美国联邦贸易委员会（Federal Trade Commission）、财政部（the Treasury）和物价管理局（Office of Price Administration）这类政府机构。但是，像其他许多社会科学家一样，他们也就职于与军事行动关系密切的机构，如战略情报局（Office of Strategic Services，简称OSS），即中央情报局（Central Intelligence Agency）的前身。在这些地方，他们不仅与社会科学家，也与数学家、物理学家和工程师们一起工作，解决一些普遍性的问题。他们帮助提供德国和日本的军事实力的情报，评估同盟国轰炸所产生的经济影响。同时，他们也参与所谓的作业研究，解决诸如炮弹制造的质量管理，或飞机瞄准器的设计等问题。他们所处的是一个跨学科的工作环境，涉及自然科学和社会科学领域，重点关注资源的利用和配置问题，并促进数学技术的发展与应用。在二战结束时，美国的高等教育规模得到迅速扩大，具有战时政府工作经验的经济学家，其中有很多人比他们战前的一般同行更加看重数学，他们很快就成为这门学科中极富影响力的人物。

20世纪40年代至50年代，罗宾斯的经济学定义得到考尔斯委员会（Cowles Commission）成员们最明确的支持。该委员会是一个研究机构，由商人阿尔弗雷德·考尔斯（Alfred Cowles）于1932年建立。考尔斯对经济学家无法预测股票市场的行情十分担心，想要鼓励有所改进的经济学方法得到进一步的发展（他也支持世界计量经济学会）。考尔斯委员会研究工作的最重要阶段是1943—1948年在雅格布·马沙克（Jacob Marshak）领导下的那个时期。

考尔斯委员会的研究既反映了数理经济学中的美国传统，也体现了很多来自欧洲的流亡经济学家的观点。在20世纪20年代，先是许多俄罗斯和东欧的经济学家被迫离开故土，紧接着在30年代至40年代，被纳粹迫害的经济学家也离开德国和西欧。其中尤为重要的流亡经济学家是约翰·冯·诺伊曼（John von Neumann，在原子弹研究工作和现代计算机架构设计方面更为著名）、统计学家和具有影响力的经济学家亚伯拉罕·瓦尔德（Abraham Wald），以及马沙克本人。马沙克的职业生涯极好地反映了他所处年代的动荡生活。1898 年，马沙克生于乌克兰的一个犹太家庭，经历了 1917 年爆发的苏维埃革命之后，前往德国留学，开始了经济学研究的职业生涯。1933 年，他被迫离开德国，逃亡英国，在牛津大学渡过五年。1938 年，他来到美国，本打算逗留一年，但战争爆发，他滞留在美国，成为考尔斯委员会在其最富创造力阶段的关键人物。

在马沙克的领导下，一个用于经济学研究的独特的"考尔斯委员会方法"应运而生。该方法在战后经济学界颇具影响力，它强调经济系统所具有的一般均衡的特点——即所有因素都是相互依赖的，也就是说，要了解一种经济系统，必须同时建立所有市场的模型。例如，钢铁市场的需求状况取决于罐头食品的需求，罐头食品的需求又受制于新鲜食品的供给，而新鲜食品的供给又与住宅建设占用农业耕地的程度有关。其假设是：食品、劳动力和资本市场是完全竞争的，任何交易者，不论是企业还是个人都无法影响市场价格——这是对模型的可管理性至关重要的一个假设。因此，以一般竞争均衡建模为主导的经济学通常被简称为一般均衡模型，而统计方法的建立则使这些模型恰好可以与经济数据相符合。

值得注意的是，所有市场都是完全竞争的这一假设是一种有意的过分简化。在现实世界中，竞争往往是不完全的：有些市场由一个能操纵（垄断）价格的卖主所掌控；有些市场则只有少数几个卖主，他们的行动可以影响价格，他们必须考虑其他卖主的所作所为。在一个完全竞争的世界中，不会有做广告的空间。为了对整个经济体同时进行分析，需要对完全竞争做以简单化处理；否则，问题会变得极其复杂，令人感到绝望无助。因此最终得出的模型也相当抽象。尽管这种模型在经济学学科中，至少截至20世纪60年代为止，占据着主导地位，但过于抽象也使它们饱受批评。这类模型极好地说明，对理论应具有数学上的严谨性的这一要求意味着经济学家不得不与越来越抽象的模型打交道。

20世纪40年代，在考尔斯委员会参与建立统计方法的主要人物有：在数学和统计学领域训练有素的荷兰经济学家特亚佳林·库普曼斯（Tjalling Koopmans），以及战争期间曾在纽约和华盛顿为挪威政府工作的挪威人特里夫·哈维默（Trygve Haavelmo）。库普曼斯在荷兰时曾写过一篇论文，论述在变量有误差，即在无法准确衡量变量时运用回归分析（回归分析是一种计算变量之间关系的统计方法）的问题。关键在于哈维默表明可以将这类系统置于一个正式的（数学的）概率框架中加以分析。它提供了一种可能性，即对经济学理论的检验更易做到更加严谨：经济学家似乎可以用客观的统计方法来决定哪种理论更适应现有的证据。库普曼斯还参与了考克斯方法的另一项研究，即对决策的形式化分析。早在战前，他就调研了货运的运费率，战争期间，由于在美英联合货运管理局（Combined Shipping Adjustment Board）工作，他将这项研究扩展到同盟国运输能力的优化利用问题。

阿罗、萨缪尔森和弗里德曼

经济学家也许赞同经济学应该更科学的观点，他们甚至会赞成经济学应该以个人在面临诸多选择时要尽可能做出最佳选择这一理论为基础。然而，这可以采取极为不同的方法来做到这一点。最规范的方法由肯尼斯·阿罗（Kenneth Arrow）和杰勒德·德布鲁（Gerard Debreu）提出。阿罗的研究生涯主要在加利福尼亚州的斯坦福大学渡过。他曾就读于哥伦比亚大学，师从亚伯拉罕·瓦尔德这位罗马尼亚人，瓦尔德于20世纪30年代参加了数学家卡尔·门格尔（Karl Menger）在维也纳举办的研讨会。当时，严谨的数学方法非常流行，强调理论应该从一系列精确界定的假设（或公理）派生出来。参加研讨会的另一成员是约翰·冯·诺伊曼，20世纪20年代是他担负起了为量子力学奠定严谨的原理基础的重任。瓦尔德在1936年首先提出了一般均衡存在的证据。但请注意，这个证据的存在并不能证明均衡存在于现实世界中：它仅能证明一组方程式一定会有一个解。瓦尔德向阿罗解释说，这个问题很棘手，多年来一直令他束手无策，无从下手。德布鲁在法国接受数学教育，与法国极端形式主义的布尔巴基（Bourbaki）学派有联系。他们两人都成为考尔斯委员会的研究人员，阿罗在1947年加入，德布鲁在1950年加入。在20世纪50年代初期，他们两人合作完成了对一般竞争均衡确实存在的决定性证明（1954年）。他们还证明了福利经济学的两条基本定理——有关竞争均衡效率的命题。

阿罗的经济学研究方法在他撰写的《社会选择和个人价值》（*Social Choice and Individual Values*，1951）一书中有更为明确的阐述。他从我们知道群体中每一个成员偏好的假设和一组（共五条）伦理标准（其中包括：如果每个人都赞成某个选择，那么这个选择就是群体的选择；没有任何人应该成为独裁者）出发，提出这样一个问题：在为这个群体整体作决策时，是否存在一个伦理上可接受的方式。这个高度抽象的问题覆盖了广泛的社会情境。其中最简单的是一个委员会做决策的情景。假设有三块土地，可以在上面建设飞机场，规划委员会的全体成员可以对它们进行排序。阿罗提出的问题是：是否存在一个投票规则，可以确保委员会的决策满足他提出的五条伦理标准。他的结论是没有。考虑到他的伦理标准在直觉上似乎是显而易见的，因而这就是一个似非而是的结果。更为重要的是，假定市场机制可以被认为是形成社会性决策的机制（它决定谁获得什么），那么阿罗定理意味着不能假设市场机制将做出符合伦理标准的资源配置决策。

构建科学经济学的另一种方法是由保罗·萨缪尔森（Paul Samuelson）构想出来的。1940 年，萨缪尔森离开哈佛大学来到麻省理工学院，成为该院经济系举足轻重的著名教授。他的经济学研究方法清楚地表述于《经济分析基础》(*Foundations of Economic Analysis*，1947) 一书，其初稿是他在哈佛的博士论文。论文的副标题是"经济理论的操作意义"(*The Operational Significance of Economic Theory*)，表明了他的研究目的。在萨缪尔森看来，科学化意味着要得出具有操作意义的定理："只有在理想的条件下，才有可能被推翻的关于经验数据的假设"(第 4 页)。这种命题的主要来源在于最优化，因为均衡通常涉及让某变量最大化或最小化。消费者要求效用最大化，企业要求利润最大化。考虑到他要达到的目的，萨缪尔森求助于阿罗和德布鲁的各种数学方法，但尽管如此，他仍是数理经济学的强有力的推手。

对本质上很简单的数学概念做如此艰苦的文学研究，是许多现代经济学理论的特点，从推进经济科学发展的角度

看，它不仅徒劳无功，而且还是一种极为堕落的智力浪费。（Samuelson，1947，第 6 页）

萨缪尔森的《基础》一书出版后，实际上为理论经济学家提供一个虚拟的工具箱。该书发表一年后，他编撰出版了最畅销的教科书《经济学》（*Economics*，1948），此书将科学经济学介绍给新一代的学生。

萨缪尔森和阿罗对消费者、企业和市场有同样的观点，但是他们采用不同的方法来建立自己的理论。萨缪尔森关注的是具有操作意义的定理，不需要阿罗所说的存在证据。但是，不应该过分强调他们之间的分歧。毕竟他们二人都支持混合经济（一种政府履行其他人无法履行的职能的市场经济），而且都论证了为什么不能依靠竞争市场解决社会问题。例如，萨缪尔森提出了经典的"公共物品"理论：即那些一旦生产出来，不论付费与否，所有人都可享用的物品，如国防和路灯。阿罗提出了市场不能有效提供医疗服务，或对新技术开发进行最佳水平投资的理由。

然而，米尔顿·弗里德曼（Milton Friedman）关于科学经济学的性质和政策的观点却与萨缪尔森和阿罗两人有所不同。弗里德曼接受的是统计学教育，最终于 1946 年获得哥伦比亚大学博士学位。毕业后进入芝加哥大学，并很快成为具有影响力的人。在标题为《实证经济学的方法论》（*The Methodology of Positive Economics*）的一篇广为人知的文章中，弗里德曼写道：

实证科学的最终目的，是提出一种"理论"或"假设"，从而可以对尚未观察到的现象做出有效且有意义的预测。（第 7 页）

他在这一论点上追加了一个意想不到的新观点，那就是理论假设的现实性并不重要。一个好的、卓有成效的理论可以基于少量的已知情况预测未来会发生的很多事情——它们应该将某个问题的重要特征概括出来，而忽略不相干的细节。颇为自相矛盾的是，这意味着科学理论应该是非现实性的。他用这个论点为利润最大化的假设辩护，反驳那些认为应该对该假设进行检验的经济学家。他认为经济学家应该将市场看作是完全竞争的。

在 20 世纪 50 年代至 60 年代，弗里德曼的观点与萨缪尔森和阿罗二人所代表的主流经济学理论相去甚远。虽然他们三人都同意理论不必具有现实性，但其论证的方法却有所不同。萨缪尔森和阿罗愿意使用高度抽象的模型并构建出更简单的模型来解决现实世界中的具体问题，但弗里德曼则坚决摈弃高度抽象的理论，将自己的研究范围局限于与具体问题紧密相关的理论。他不使用高等数学，偏爱通常可以用图表加以分析的简单模型，或者就只用文字表达的逻辑分析。他们三人在政策问题上还有一个明显的差别。尽管萨缪尔森和阿罗采用完全竞争理论，承认竞争性均衡的效率，但并没有得出资源配置需要由市场来决定的结论。萨缪尔森的公共物品理论和阿罗就医保和创新等问题的分析，都非常清楚地指出存在市场失灵的情境。还有一种假设是，如果市场缺乏竞争，政府就有必要对相关产业实行管制。因此，他们的理论阐述与认为政府应该加大干预力度挽救各种市场失灵的信念是一致的。相反，弗里德曼则更支持自由市场，对政府干预持批判态度。他与在芝加哥大学的同事乔治·斯蒂格勒一起（George Stigler），反对工会和管制产业的尝试，旨在确保竞争。市场也许并非是完全竞争，但它们具有足够高的竞争程度，可以相当高效地发挥作用。弗里德曼和斯蒂格勒的观点最终在芝加哥经济学界占据了主导地位。

经济理论涉猎范围的扩大

到 20 世纪 60 年代末，使用数学理论的经济学研究方法无疑已经确立了其地位。但是很多经济学研究仍然采用更加传统的方法，文字推理仍发挥着重要作用。其理由有二。其一，尽管当时的经济学家通常接受过常规的数学和统计学训练，但是许多年龄大一些的人却没有掌握这些技能。更为重要的是，仍然还有许多问题是形式化的建模研究方法鞭长莫及的。主流理论仍然是一般均衡理论，而且有人极为乐观地认为，该理论能够提供一个框架，最终可以将经济学整体纳入其中。马克·布劳格（Mark Blaug）对这个时期有过这样的描绘：

> 经济学这门学科从来都没有像 20 世纪 50 年代末和 60 年代初这一时期那样自信过：我们知道，一般均衡理论是经济学的优美理论盖棺定论性的最新研究成果，投入—产出分析和线性编程很快就将使其不仅优美精妙而且具有可操作性，"新古典综合学派"已经成功地将凯恩斯宏观经济学［见本书第 7 章］加入到瓦尔拉斯的（一般均衡）微观经济学之中。简言之，真正的经济学就是一座教堂，随时将全部真相启示给我们。（Backhouse and Middleton，2000，第 207 页）

但是，尽管有这样的乐观态度，经济学理论仍然非常有限。首先，尚不存在一个令人满意的战略行为理论，即一个行为主体不得不考虑另一个行为主体对其行为所做出的反应，而经济学模型假设消费者和制造商完全了解各自在做的选择的相关情况。库普曼斯在一篇关于方法论的颇有影响力的文章中，为缺乏现实性的经济学模型进行了辩护，认为这些模型终究会变得更加现实：

> ［我们应该］将经济学理论看成是一系列概念模型，旨在以简化的形式从不同方面表述总是更为纷繁复杂的现实世界……鉴于这些较为简单的模型可能是更为现实但也更为复杂的后续模型的原型，所以对它们的研究要加以保护，不应因为不够真实而对其加以指责。（Koopmans，1957，第142—143页）

而另一方面，批评者怀疑，支撑这些模型的简化假设是否真的会被经济学家放弃。

在20世纪60年代和70年代期间，经济学理论又出现了几项重大发展成果。其一就是经济学家开始严肃对待博弈论了。博弈论是维也纳在两次世界大战之间的又一项成果。由冯·诺伊曼和另一位奥地利经济学家奥斯卡·摩根斯坦（Oskar Morgenstern）在专著《博弈论和经济行为》（*The Theory of Games and Economic Behavior*，1944）中运用于经济学。该理论也成为普里斯顿大学数学家约翰·纳什（John Nash）在1950—1951年间所撰写的几篇短篇论文的主题，后来在兰德公司（RAND Corporation）得到广泛的研究。兰德公司是一家由美国空军建立的智库（在第8章有更为详细的论及),专门为分析热核战争策略提供框架。但是,直到 20 世纪 60 年代和 70 年代,博弈论才被系统地运用于经济学领域,首先在产业经济学领域,然后在国际贸易到宏观经济学等其他领域得以采用。博弈论之所以对经济学家具有吸引力,是因为它提供了一个思考策略问题的严谨方法。在这里,每个玩家都必须考虑其他玩家对自己行为所做出的反应。譬如,它似乎是解决诸如寡头垄断问题(少数几个企业之间进行竞争,每个企业都必须考虑其他企业对自己行动的反应)的一个理想方法,而这个问题当时还没有好的解决方案。

另一项变革涉及信息,这方面的研究工作在 20 世纪 60 年代和 70 年代激增。到目前为止,关于个人与市场的理论一般都假设家庭与企业完全掌握他们做选择时所处环境的相关信息;由信息不完全或不对称(某人比他人了解更多的信息)产生的问题被完全忽略或排除在假设之外。但是,在 20 世纪 60 年代初,斯蒂格勒(Stigler)对理性消费者在不知道各家商店的价格情况下需要用多长时间寻找到最低价格的问题进行了探索。阿罗也研究了医保供给中因信息不确定或缺乏而产生的问题。麻省理工学院的乔治·阿克洛夫(George Akerlof)阐述称,如果卖方比买方对所售产品质量知道得更多的话 [他举的例子是二手汽车,由此将他 1970 年所写论文的标题定为"柠檬市场"(The Market for Lemons)①],买方也许就不可能找到一个能够达成交易的合理价

---

① 柠檬市场即次品市场,"柠檬"在美国俚语中表示"次品"或"不中用的东西"。阿克洛夫模型中,产品的卖方对产品的质量拥有比买方更多的信息。柠檬市场效应指在信息不对称的情况下,劣等品驱逐优良品,占领市场。——编者注

格。这是被称为信息不对称这个问题的一个例证。麻省理工学院的另一位学者，约瑟夫·斯蒂格利茨与其他几位合著者一起，运用基于不完全信息的论据，说明了信息不对称的问题可能引起市场行为的竞争性供求模式失效。例如，如果银行无法判断贷款人有多大的风险，那么他们可能宁愿将利率和信贷配给额度定得很低，而不会收取较高的利率。曾在哈佛大学接受博士教育的迈克尔·斯彭斯（Michael Spence）提出了一个信号传递理论：工人可能选择接受教育，即使这并未提高他们的技能，只不过是要向雇主表明他们拥有高于常人的能力水平。这个信号理论同样也得到证明，适用于其他许多场合，比如企业用股利（其实在税赋的意义上更昂贵的方式）来传递他们盈利的信号。

这些变化说明，经济学家正在用形式化的数学建模来解决更加广泛的经济问题。发展经济学就是一个很好的例子。虽然曾有多次运用形式化的模型去解决规划问题的尝试，但是发展经济学仍以形式化较弱的理论阐述为主导。一般会假设市场并未有效地发挥作用，而且人也不是理性的。对当时那些所谓的欠发达国家而言，最好的做法是实现工业化，从而减少进口，还是专门从事农产品出口，对此曾有过激烈的争论。到了 20 世纪 70 年代，这种思想发生了变化，因为新的理论使经济学家们能够构建形式化的数学模型。例如，斯蒂格利茨就提出了分成租佃制（即佃户按约定向地主缴纳一部分收成）。这种制度也许比用现钱支付租金更受欢迎，因为它减轻了佃农面临的风险。

经济学理论的涉猎范围进一步扩大，原本为了解释经济问题而发展的技巧也可以运用于该学科传统领域之外的问题。在这方面的一个关键性人物是加里·贝克尔（Gary Becker）。在 20 世纪 50 年代，他将标准的经济学技巧用于解释诸如歧视和教育这类处于经济学边缘的问题。例如，采用类似于企业机械设备投资决策的方式，给教育建模，视其为工人的"人力资本"积累。到 20 世纪 60 年代，他转而研究传统上被认为是属于社会学领域的问题，比如婚姻、离婚和犯罪。在芝加哥大学，他最终兼任经济学和社会学两个教职。20 世纪 60 年代期间，还有几个经济学家，如曼瑟尔·奥尔森（Mancur Olson）、戈登·塔洛克（Gordon Tullock）、詹姆斯·布坎南（James Buchanan）、安东尼·唐斯（Anthony Downs），转向非市场决策问题的研究，该术语涵盖的内容不仅有社会问题分析，也有政治程序（如选举、竞选活动、游说），以及政府或私有部门中的官僚作风问题。正如贝克尔的研究一样，经济学家们最初曾怀疑是否可以将公共部门行为研究看作是经济学范畴，但到最后它成为经济学学科不可分割的一个组成部分。这对经济政策的意义是，与公共物品、不完全竞争或有限信息这类问题所导致的市场失灵一样，也有必要考虑因政客和官僚本身也是经济主体，也关心自身利益这一实际情况而导致的政府失灵。

在这一时期，计量经济学也经历了很大变化——分析经济数据的规范统计方法得到发展和应用。尽管早在 20 世纪 40 年代就已经奠定了正式的计量经济学研究方法的基础，许多方法得到发展，尤其是在考尔斯委员会，但是统计工作受阻于计算成本问题而停滞不前。在 20 世纪 40 年代，经济学家还没有电子计算机可以使用。直到 20 世纪 70 年代，功能强大的计算机才开始在大部分的美国大学出现，个人电脑在 20 世纪 80 年代才开始普及。计算机技术的这些进步促进了计量经济学的快速发展，但当时，人们并不把计量经济学看作是经济学理论和统计方法的结合，而是作为一个专业术语，用于描述处理经济数据所需要的统计和数据处理方法。

20 世纪 90 年代及之后的"经济科学"

经济学领域的这些变化，有许多始于 20 世纪 60 年代和 70 年代，到了 80 年代有所加强，使经济学范畴变得既更加狭窄又更为宽泛。说它更为宽泛是因为由于"形式化"理论的出现使研究的问题有所扩展，其涉猎范围有所扩大，超出了 20 世纪 50 年代有可能研究的领域。然而与此同时，经济学研究范畴也变得更加狭窄，这是因为它越来越多地依赖理性的最大化行为的假设，无论是数学理论还是形式化的统计数据分析，形式化方法已经成为学术研究规范。刊登在顶级经济学杂志的文章越来越数学化，运用数学建模技术的能力被作为衡量学术型经济学家专业精通程度的指标。

这可能也解释了罗宾斯对经济学的定义吸引力渐增的缘由，解释了为什么经济学家比以往任何时候都更愿意将经济学与关于选择的科学等同起来。在 20 世纪 30 年代和 40 年代，罗宾斯的定义涵盖范围很广，足以囊括属于其他社会科学领域的研究主题，这被视为是一个问题。贝克尔就曾认为，罗宾斯并不愿意直面他自己所下定义的完整含义。然而，由于理性选择方法在政治科学和社会学中的运用，由于从贝克尔到塔洛克这些经济学家们对社会和政治问题的探讨，罗宾斯定义的全面性却成为了一种优势。

然而，如果跳出经济理论的范畴来看，我们就会发现罗宾斯的经济科学的概念与当下经济学领域正在发生的事情并不相符。经济学远非只研究稀缺条件下选择的含义。计量经济学在不断提供数据分析方法，使人们不仅有可能对理论进行检验，而且还有可能以罗宾斯未曾预见到的方式（实际上，以与他对经济世界所做的许多假设大相径庭的方式），进行实证归纳（empirical generalizations）。有人认为，实证归纳难以让人信服，因而必须将经济理论建立在简单、不言自明的假设（就算那是可能的）之上。这样一种看法可能会遭到质疑，因为研究方法不断涌现，今天的实证归纳远比二十年前有说服力。另外，从博弈论到信息经济学，这些新理论愈发不能对经济系统一定会如何运行做出清晰的说明：它们所做的一切仅仅是确定现实世界中起作用的因果关系机制。这些因果关系机制是否能起作用只是一个经验性的问题。

经济学家们开始相信，实验方法可能在本学科中发挥一定作用。早在 20 世纪 30 年代，就有人开始做各种实验，但是直到 20 世纪 70 年代，人们还是普遍认为经济学不是一门实验的科学。这种境况在 20 世纪 70 年代和 80 年代发生了改变，这时实验的研究方法的使用快速普及开来。实验室实验需要招募一些志愿者（通常为学生，因为他们容易招募，也愿意参与，即使现金酬劳很低），在某一受控环境下完成任务，然后根据他们的表现得到相应的酬劳。由于受试者获得的报酬（现金）可以拿到实验室之外使用，因此实验者称：他们是在进行真实的实验；他们的实验结果能够得到检验，就像自然科学实验一样，可以被用于预测实验室之外人们的行为方式。通过让受试人员在一系列彩票中做出选择，可以考察人们对风险的态度。对彩票的选择可以用来检验经济学理论中所做的假设。举一个在 20 世纪 70 年代和 80 年代被广泛讨论的例子：当人们要在两种彩票中选择其一时，应该选择具有最高现金价值的那一个，但是，心理学家莎拉·利希滕斯坦和保罗·斯洛维克（Sarah Lichtenstein and Paul Slovic，1971）设计了一项实验，从中发现大部分受试者并没有做出这样的选择。这是对很多经济学理论至关重要的一个假设的挑战，它激起了经济学家的回应：既要确定利希滕斯坦和斯洛维克的结果是否有效，还要证明它们对经济学是否有意义。

实验经济学不只局限于研究个人如何做出选择，还有市场实验。关于竞争市场的理论虽然能够对均衡（即需求等于供给的状况）做出强有力的预测，但对均衡是如何实现的却少有提及——均衡状态时可能发生的事情是如此多，因此很难归纳出具有普遍意义的结论。但是，能够构建实验，从而让受试者群体表现得好像自己就在竞争激烈的市场中一样，实验人员便可以观察交易价格是否会像理论预测的那样向均衡点靠近，如果是，靠近的速度有多快？实验还可以研究人们在讨价还价时如何表现，研究人们在这种情境下的行为，这有助于制度的设计（比如设计拍卖的最佳方式，参见第 2 章中的论述）。通过实验，有可能发现人是否是自利的，是否受另外一些考虑（如公平）所驱使。以所谓的"最后通牒博弈"为例：给受试者甲 10 美元现金，并要求其分给受试者乙一部分——如果受试者乙接受了分与的钱，双方均能获得约定的数额，但是，如果受试者乙拒绝接受这笔钱，他们俩都什么也得不到。理性告诉我们，受试者乙应该接受分与的钱，无论多少，因为这总比一无所获好。因此，从受试者甲的利益考虑,甲会尽可能的少给(也许只给1美元),以便让自己尽量多留一些。但是如果人们受公平意识的驱使,那么给予和接受的数额就会尽量靠近5美元。这就引起最有争议、也最有意义的实验应用——对个人行为的研究,检验和探索各种非理性行为。之所以引起争议是因为实验研究发现偏离理性的行为表现出一定的系统性:在最后通牒博弈中,许多人确实给出接近5美元的数额,而且他们拒绝提供明显小于5美元的数额。这意味着人们的行为动机是出于公平,而这在标准理论中并没有体现。1986年,经济科学协会(Economic Science Association)成立,该组织关注的是"通过可控制的实验去了解经济行为"(EconomicScience. org);2002年的诺贝尔经济学奖,也颁给了心理学家和决策理论家丹尼尔·卡尼曼(Daniel Kahneman)和经济学家弗农·史密斯(Vernon Smith)——这些都说明这项研究工作的重要性在不断增加。

比实验经济学更新的是"行为经济学"(behavioural economics),这是将心理学的洞见应用于经济学的研究方法。行为经济学也需要运用实验方法,但不是必须这样做。例如,从实验获得的信息,还需要与系统观察现实情景中人们的行为而获得的信息相结合。比如,"羊群效应"(herding)是指人们经常受周围其他人行为影响的一种现象。这个结论可以通过在实验室,或通过对一组消费者、投资者,甚至法庭里做裁决的法官进行观察来加以检验。"羊群效应"在金融领域尤其重要。在经济学家的眼里,"羊群效应"是唯一可以解释资产价格"泡沫"的东西,所谓"泡沫"即像股票或房地产这样的资产,价格暴涨,超出经济条件所能支撑的价值的情形。另一种方法要求采用幸福指数调查。在调查中，人们被问及类似"总的来说，你非常幸福、很幸福或不幸福吗?""最近感到压抑吗?""你对目前的生活满意吗?"这样的一系列问题，然后研究者对人们的答案进行打分。显然，人们会如何回答问题有一定程度的随意性，但结果发现，如果采访人数足够多，回答会呈现出清晰的模式。这种方法由心理学家发明，继而被经济学家采纳。经济学与心理学结合得更明显的例子是"神经经济学"(neuroeconomics)，它采用磁共振成像扫描仪来衡量受试者在做经济决策时大脑的活动。有些经济学家已经使用实验方法来支持传统的立场，但是这些新理论发展成果的真正意义在于，它们为严谨的、科学的经济学提供了一条无需依赖理性人假设的途径。

　　本章给我们的启示是，自第二次世界大战以来，微观经济学思想的诸多发展，是经济学家努力追求科学性的结果。与 20 世纪 30 年代的常规经济理论相比，或与非经济学家所能理解的理论相比，经济理论的抽象性有所增强，这是由于经济学家试图做到精确严谨而带来的结果：如果做不出简单化的假设，就无法说明经济学家的结论确实是根据他们的假设而得出的。这与经济学是什么这一概念的变化密切相关。大约 20 多年以来，经济学的核心一直被置于作为经济理论最严谨形式的一般竞争均衡理论之上，但是，从 20 世纪 60 年代和 70 年代以降，经济学家开始建立可能不再被视为这一理论的简化形式的模型：博弈论和有限信息模型是与一般均衡理论根本不同。然而，它们仍然都是很抽象的，尽管以表现方式不同：理论必须适合具体的情境，却不用声称自己描绘了经济体必然的运行方式对现实世界的阐述属于应用经济学家的职责范畴，他们虽然可能运用经济理论，但也使用计量(统计)经济学方法来检验理论,并结合国民经济核算数据和对数以千计的家庭和工人的调查而得到的大量数据来运用理论。到 20 世纪末,具有科学性的说法再次被实验经济学和行为经济学的倡导者所采纳,这次他们强调,所采用的方法一定能够被用来发现人们的实际行为方式。这些发展形成同一时期宏观经济学发展的背景,尽管在宏观经济学领域理论和实证实践的交互影响有所不同。

第 7 章 探求严谨的宏观经济学

从《通论》到宏观计量经济学建模

据相当一部分经济学家之见，许多经济学理论不是导致严重政策失误，最起码也会致使经济学家忽略亟待解决的问题。那么经济学究竟是如何逐渐由这种理论所主导的呢？本章先将意识形态的问题搁置一边不谈（将在第 8 章阐述），而着重探讨发展严谨"科学的"宏观经济学的欲望，在何种程度上成为目前推动经济学演进的重要因素。

对现在所称的"宏观经济学"（macro-economics）的探讨，即对包括货币、通胀、失业、经济增长和经济周期等问题在内的整体经济研究的探讨，于 20 世纪出现了转折点，毋庸置疑，这就是剑桥经济学家约翰·梅纳德·凯恩斯（John Maynard Keynes）《就业、利息和货币通论》（*The General Theory of Employment*，*Interest and Money*，1936）一书的出版。宏观经济学不是凯恩斯创立的——对这个话题的理论阐述历史悠久，这个术语也不是由他杜撰而来的，但《通论》这本书却为两次世界大战期间人们开始现代经济学思考开辟了一条主要路径。他的书提供了一个框架，使宏观经济学能够在 20 世纪 40 年代及之后快速构建起来。

重建该学科的必要性在某种程度上产生于一步步走向形式化建模的发展进程。经济学家可以从《通论》提供的一组构成要素中进行选择，建立规范严谨的数学模型，用来分析政策变化对诸如经济活动水平和失业率等变量的影响。正如第6章所阐述的那样，经济学家成为"模型的构建者"，而凯恩斯为他们提供了原材料。国民核算虽然在战前就已经开始，但在第二次世界大战后，通过采用与《通论》中的定义相一致的分类法（如国民收入、消费和投资），国民核算得到重新编制。在战争期间，凯恩斯理论，连同从国民核算中得来的数据，都被用于制定计划、控制通胀，以及计算战时可以使用的生产能力。

但是，虽然致力于构建数学模型的经济学家都接受《通论》，但凯恩斯本人并不采用这种思考方法。他在数学方面训练有素，他的论述也反映出数学家的思路——书中满是函数、图表和倾向这样的语言。然而，该书的大部分是对概念的分析，以及建立在他对周边世界的直接观察和他对世界运行方式的直觉基础之上的推理（他积累了丰富的伦敦城区居住经验，而且是一个成就卓著的投机商和金融顾问）。此外，书中的许多重要观点都用文字推理加以阐述，而不是靠构成该书框架的正式的数学工具。其结果是，虽然经济学家们深受此书的启发，从中找到很多宝贵的思想，尽管它确实包含了可以用来建构数学模型的各种要素，但是按照经济学家愈来愈热衷使用的标准，他的许多观点似乎是"不科学的"。这正是经济学家们亟待纠正的问题。

凯恩斯的主要观点是，一国的经济活动水平，是由商品和服务的总需求决定的，可以用国民收入或就业水平来衡量。也就是说，如果总需求太低，生产和收入水平将会很低，而失业率会升高。当然，需求水平也有可能高到足以实现充分就业，但是如果情况是这样的话，需求的增高又会引发通货膨胀。然而，他认为并不存在一个保证充分就业的自动调节机制。尤其是削减工资不会提高就业，因为它无法确保这将会提高总需求水平。事实上，如果工资的削减使工人的花费减少，或对未来感到悲观，那甚至可能造成更高的失业率。认为高工资会导致工人失业的观点对个人也许是对的，但在整个经济层面看却未必如此。同样，居民储蓄的增加意味着开支减少，从而总需求降低，因此不可能使情况变好，只能是更糟。凯恩斯认为，解决失业的办法有两个：其一是通过货币政策，即降低利息鼓励企业多投资；其二是直接通过政府行动，提高投资水平。这样做将提高就业水平，也提高了消费能力，因此收入的提高甚至超过投资。例如，如果消费者将四分之三的收入用来消费，那么原本用在投资上的每 1 美元就可以使收入增加 1 美元，因而增加 75 美分的消费支出。这 75 美分的消费支出又会增加 75 美分的收入，使消费进一步增加 56 美分（75 美分的四分之三），依此类推。凯恩斯阐明，在这个例子中，若将这一系列增加的收入汇总加起来，可以看到：每 1 美元的额外投资都会使收入增加 4 美元（这就是乘数效应）。

经济学家试图从四个方面让凯恩斯的宏观经济学更加严谨。首先，他们将凯恩斯在《通论》中提出的方程式组合起来构建成一个完整的模型，然后力图从此入手运用代数或几何学来证明凯恩斯结论的正确性。这个结论依据的是一个被称之为"循环收入流"的概念，也就是说每个人的消费额都是另一个人的收入。这个收入流要达到均衡，就要求在将经济的各个部门作为整体来看待时，计划的支出必须等于所获得的收入。因此，如果居民的支出少于他们的收入（如果他们积攒了一部分收入），要达到均衡就要求另一个部门（企业或政府）的支出超过其收入。描述这个过程的模型有几种类型。最简单的只有一个方程式，仅用于说明乘数的作用。但它仍然提供了重要的结论，即尽管削减政府支出会减少政府赤字，但一定会造成失业的增加。或者这个模型还可以与货币市场模型组合起来得到扩展，这样用两个方程式就可以解释产出水平和利率，这就是所谓的 IS-LM 模型，该名称来自于用以标示这两个方程式的词首字母。IS-LM 模型表明，在有些情况下，利率的提高会阻碍产出的增加，导致乘数效应低于应有的水平。该模型还表明，货币供应的增加如何通过降低利率带来经济发展，除非遭遇利率触底，不能再降低，即所谓的流动性陷阱。或者，这个模型还可以被进一步复杂化，使在简单模型中处于"舞台之外的"其他要素也被明确地纳入到模型之中。这可以包含一个描述劳动力市场行为（工资如何受失业的影响，进而如何影响模型中的其他变量?）的方程式，或者它可能要求为金融部门建立一个更详细的（考虑到各类金融资产，因此不只含有一个利率）的模型。

然而，尽管这些模型很简单，但它们同样是静态的，也仍然是纯理论的。这就意味着，要使它们更加符合实际，我们既可以按照变量在一定时期的变化建模，也可以根据真实的数据估计出不同系数的大小。一旦经济学家超越了简单的模型，这两个特征就合二为一了，其原因有二。第一个原因是，有超过一个或两个以上变量的动态建模会变得更加复杂，一般仅用理论很难说明会发生什么。理论家们需要知道模型中的某些数字达到何值才能推算出模型将如何发挥作用。第二个原因是，在用真实数据评估方程式时，其结果通常是一个动态的模型。比如，消费支出并不仅仅取决于家庭的现有收入，它还取决于家庭的财富（过去的积蓄）和对未来的期望。用经济学家的行话来说，这是一个"跨期"决策：因为积蓄可以让家庭在未来消费更多的收入，它是一个长期选择。同样，投资（购买未来将产生收益的资本品）和金融资产交易也是基于跨期决策。

下面这三方面的进展最终促使庞大的宏观经济学模型创建起来，供政府和中央银行进行经济预测之用：（1）数学建模；（2）解释动态过程；（3）将真实数据融入模型。到20世纪60年代和70年代初期，这些模型变得非常庞大，为了更详细地描述整体经济，有些模型使用的方程式多达2 000多个。它们不仅需要强大的计算能力（至少根据当时的标准），还需要由经济学家组成的多个大型团队，每个团队负责建立模型的不同部分：一些人可能完全专注于耐用品需求的建模；另一团队可能只负责工资行为的建模。但是，尽管这些模型变得越来越复杂，它们仍然是从凯恩斯的基本理论发展而来，根据这一理论总需求水平决定了总产出水平。

对微观基础的探索

然而，经济学家力图使宏观经济学变得更加严谨，还可以采用第四种方法，事实证明这种方法对20世纪70年代以及之后宏观经济学遵循的发展路径有决定性的影响。这就是大约在20世纪70年代开始对所谓宏观经济理论的"微观基础"（microfoundations)的探索。

如前所述,凯恩斯基于对周遭世界的直接观察,进行推理论证,进而建立起自己的理论。他认为,随着收入的提高,人们会增加消费,但是还是会将大部分收入存起来,只消费一小部分,这是"基本心理法则"。这个观点也与常识和统计数据一致,因为穷人除花光他们的所有收入外别无选择,而富人则有大笔的余额积攒下来(又进一步增加他们的财富)。同样,凯恩斯对金融市场的分析也是基于这样的观察:当需要对不确定的未来做出决策时,人们通常会看其他人的行动,而且认为未来实质上与当下非常相似。对凯恩斯之后的经济学家而言,这种观点的问题不在于不正确,而在于不严谨。宏观经济关系是数以百万人所做决策带来的后果,也就是说要使这个主题严谨,就必须以研究个人行为方式的理论为基础。

正如在第6章中说明的那样,第二次世界大战以后这段时期的主流理论认为,人是追求利益最大化的理性行为主体。将此与第6章讨论的严谨性结合起来,得出的结论就是宏观经济理论学家应该从"人是理性的"这一假设出发,然后说明个人行动如果被加总起来(如果数百万人的行动被放在一起),就会产生如宏观经济学理论中所使用的那种关系。与凯恩斯的《通论》不同,这些关于个人的理论应该表现为数学模型的形式,加总的方式也必须严谨。这样,从有关个人理性的公理和准确陈述他们面临的限制条件的假说出发(他们需要什么信息,市场如何运行?),有可能得出一个理论,按照该理论能够做出十分严谨的相关预测,比如说政府支出的增加将如何影响失业。

当然,这些理论需要对照真实数据加以检验。但是经济学家相信，由于有关个人和市场的假设基本正确，用严谨方法推导出来的理论就会比不严谨的理论更加成功。计量经济学的研究工作会分析统计数据，通常能显示简单的理论未能解释正在发生的一切，有时还非常失败，解决方法只能是更完善的理论。但是，还有这样一个问题，就是实证研究单靠自身似乎无法提供解决方法：经调整能够与数据相符的模型简直太多了，这意味着理论是至关重要的。不只是这样，从实际意义上说，经济学家对理论的信任胜过对数据的信任。基于理性行为和竞争市场的理论似乎在解释个体市场方面特别有效，而且鉴于他们在直觉上的说服力，举证责任就落在否认这些理论的人身上。另一方面，计量经济学自 20 世纪 40 年代以来虽有较大发展，但它采用的方法仍然非常有限，也很难得出强有力的实证关系。比如，如果一项研究发现，失业率每增加 1 个百分点，就会导致工资通胀率比原来增加 2 个百分点，经济学家也不能坚信这个数字来年将不会有显著变化。

20 世纪 40 年代末和 50 年代，经济学家提出了一种严谨的理论中，其中宏观经济学模型是从一般均衡基础中推导而出。曾就读于芝加哥大学的经济学家、考尔斯委员会前成员唐·帕廷金（Don Patinkin）所著《货币、利息和价格》（*Money，Interest and Prices*，1956）一书对此作过阐述。他从研究家庭行为的严谨理论出发，推导出被广为采用的规范宏观经济学模型。根据这些模型，帕廷金提供了一个可用于解决涉及凯恩斯经济学的许多理论问题的框架。但是，在很多方面，该模型仍然是静态的：它只关注任何时期决定均衡产出的因素，而没有解决诸如经济周期、通货膨胀，或预期的形成及其对经济的影响等问题。这些都成为

20世纪70年代的重要问题。另外,尽管宏观经济理论可以是严谨的,但如大型预测性模型所表现出来的那样,在理论与实践之间仍然存在巨大差距。如上所述,这些模型很大,可以说是拼凑而成:单个组成要素也许具有严谨的微观基础,总体框架也符合理论,但是它们过于庞大,过于复杂,因此很难融合为有机的整体。

20世纪60年代,经济理论家对这个方法提出了一些质疑。1959年,阿罗指出微观基础所依据的一般均衡框架存在的一些概念问题:出现不均衡,即供求不平衡时,从逻辑上说,每个人都能够按市场现行价格想卖出多少就能卖出多少是不可能的,这意味着竞争可能是不完全的。罗伯特·克洛尔(Robert Clower)认为,要理解凯恩斯理论,就必须考虑到下述事实:如果家庭成员的工作时间不能随心所欲,他们就会减少消费。从而某一个市场中的"非均衡"(供给不等于需求的状况)会对其他市场造成影响,这就是所谓的溢出效应,这在一般竞争均衡模型中是不允许的。当然,如果有某种机制可以确保所有市场都处于均衡,阿罗和克洛尔的担忧就不重要了。但是,阿克塞尔·莱永胡武德(Axel Leijonhufvud)在影响力极高的《论凯恩斯主义经济学和凯恩斯的经济学》(*On Keynesian Economics and the Economics of Keynes*,1968)一书中争论说,并不存在这样一个机制:世界上并没有一个能够力挽狂澜、确保每个人的活动与其他所有人的活动都协调一致的主拍卖师。

阿罗和克洛尔提出的问题是无法改变的事实。此外,失业的存在被认为是不均衡状态必然存在的证据,至少在劳动力市场上是这样。而且这还不是全部,还有大量的研究文献指出,在现有家庭和企业呈现出巨大多样性的世界中，严谨的加总是不可能的。这就是说，一般情况下，由异质性个体组成的群体（不论是企业还是居民），其行为并不一定与其中任何个体的行为相同。在20世纪60年代末和70年代初，这些理论和其他一些发展成果导致试图为凯恩斯主义经济学建立更加严谨的微观基础的相关研究文献激增。

货币主义和20世纪70年代的危机

在第二次大战后几乎30年的时间里，凯恩斯主义都占据着主导地位，它在经济理论中的主导作用，与其作为福利国家基础的社会哲学的核心，具有同样的重要性。虽然该理论有些问题，但只要西方经济体普遍运行顺利便没有理由质疑它，而且，即使政策的制定者犯了错误，但他们已设法避免再次引发20世纪30年代世界经济所遭受的那种灾难。然而，并不是所有的经济学家都接受这个共识，其中一位就是芝加哥的经济学家米尔顿·弗里德曼。

要理解弗里德曼的经济学研究方法，就必须牢记他早年的职业生涯多是在美国国家经济研究局（NBER）度过的。该机构代表的是第6章中提到的比较陈旧的科学严谨性的概念。根据这一概念，科学严谨性并不意味着逻辑严谨性，而是要一丝不苟地将科学建立在实证基础之上。国家经济研究局的核心任务就是编制收入、消费、财富和其他无数变量的统计数据。该机构的经济学家西蒙·库兹涅茨（Simon Kuznets）和罗伯特·内森（Robert Nathan）二人都是20世纪30年代和40年代编制美国国民经济核算的核心人物。国家经济研究局的方法是受经济学家韦斯利·克莱尔·米切尔（Wesley Clair Mitchell）观点的启发。他认为自己的工作并不是检验某个理论，而是详细提供对经济周期中所发生情况的统计描述，确定周期各阶段的起止时间以及可能引发周期变化的各种因素的相对重要性等。统计数据是与依据当时对商业形势的看法而撰写的"年度报告"（Business Annals）结合在一起的。因此，尽管米切尔的工作受到经济理论的指导，但他从未认为有必要追求理论在数学上的严谨，因为严谨性意味着认真对待证据并且提供对世界上所发生情况的全面、客观的描述。

这种对经济理论的态度将国家经济研究局置于考尔斯委员会（见第6章）的对立面。考尔斯坚持的严谨性是科学界对这个术语所理解的含义，但国家经济研究局则坚持较为古老的传统理解。这一分歧在1947年进行的一次意见交流中爆发，起因是库普曼对国家经济研究局最新发布的有关经济周期的《测量经济周期》（*Measuring Business Cycles*，Burns and Mitched，1945）一书的评论。这次争议值得加以简要讨论，因为它涉及许多关于如何构建经济学的现代争论的核心。

库普曼认为，伯恩斯和米切尔的工作代表的是他称之为经济学的"开普勒阶段"[约翰内斯·开普勒（Johannes Kepler）是德国数学家和天文学家，他描述了行星围绕太阳运转的椭圆运行轨迹]，而我们需要做的是走向"牛顿阶段"，也就是用理论来构建观察。例如，伯恩斯和米切尔运用对（从生铁生产和铁路车皮订单，到股票交易数量和银行清算金额等）7个变量的观察来测量经济周期。但是，由于没有模型，就不可能知道选择的这些变量是否具有相关性。库普曼认为，国家经济研究局的方法是"没有理论依据的度量"。

拉特利奇·瓦伊宁（Rutledge Vining）代表国家经济研究局作出回应，他反驳称，考尔斯委员会是在要求经济学家不加深究就使用他们的方法，但没有证据表明，库普曼所主张的经济模型比其他不那么规范的方法在做预测时更可靠。考尔斯方法所依托的"基本行为方程"理念被视为"毫无内容"，除非发现它们符合数据的稳定关系（Hendry and Morgan，1995，第 522 页）。瓦伊宁还认为，国家经济研究局的方法目的是"发现和寻找假设"：如果人们知道正确的理论是什么（就像考尔斯声称的那样），这可能就无关紧要了，但没人知道正确的理论是什么。他对经济学必须以个人行为理论为基础这一观点提出质疑，认为总体行为不必与构成总体的个体行为一致。比如，即使没有关于个体蚂蚁行为的理论，人们也能够理解一群蚂蚁的行为。

当 1948 年弗里德曼和安娜·施瓦茨（Anna Schwartz）开始货币和商业周期研究项目时，他们使用的是国家经济研究局的方法。弗里德曼在 1956 年发表的论文《货币数量论：重述》(*The Quantity Theory of Money：a Restatement*，1956）中介绍了这项研究成果，他认为他们的理论与当时流行的正统凯恩斯主义大不相同，其关键变量是货币的数量。虽然运用形式化的理论模型能证明货币的重要性，但他却没有采用这种常规策略，而是借助于实证研究来说明问题。他和施瓦茨还有其他几位同事对统计数据进行了拉网式的系统搜索，试图找出证据，支持自己的观点——货币需求是收入和其他几个变量的稳态函数，如利率；货币对经济有强大的影响力，虽然其影响的滞后期较长，而且多变（货币扩张或紧缩政策的效果至少需要 18 个月，或许 3 年才能表现出来)。不过他的那些比较偏正统经济学的同事们,如詹姆斯·托宾(James Tobin),对他的论证方式感到很懊丧,因为弗里德曼并没有证明他的理论与凯恩斯所采用的有什么不同,因为他们认为他对相关数据的分析并没有说出任何因果关系:最关键的问题不是货币与价格或收入有无很强的相关性,而是货币变化会引起经济的变化还是恰好相反。

在弗里德曼和施瓦茨的专著《美国货币史(1861—1960)》(*A Monetary History of the United States*, 1861—1960, 1963)中,他们对这一挑战给出了回答。这本书运用货币数量论讲述了美国在过去一个世纪货币、产出和价格三者关系的故事。或许他们最有意义的论点是:1929—1933 年发生的大萧条不是因为当时的货币政策无能为力,而是因为美联储做出一系列惨遭失败的决策,致使货币供应灾难性地减少。虽然经济学家和历史学家对此说法存有异议,但它提供了另一种清楚又非常有说服力的观点,可取代凯恩斯关于私人部门引发衰退,以及大萧条的关键因素是投资崩溃的看法。

正是根据这个论点,弗里德曼和其他认为凯恩斯正统理论有问题的经济学家开始形成了一个后来被称为"货币主义"(monetarism)的思想流派。鉴于后来发生的事件,搞清楚掌握在弗里德曼和其同代人手中的这个学说的含义非常重要。第一点,货币主义是指在长期内,货币供应和通货膨胀的变化之间存在一定的关联性的学说。在短期内,他们之间的关系可能不明显,因为货币扩张可能导致产出增加,失业减少,但是如果高度的货币扩张持续几年,就会最终带来高水平的通货膨胀。他们认为这个结果是经过众多国家几十年大量的统计数据所证实的。

货币主义者由此而得出政策结论：政策应该旨在实现货币供应量的稳定增长。这样的规则本可以避免大萧条的发生，因为如果没有让货币供应量出现锐减，就不会有大灾难发生。同样地，这样的规则也可避免采纳引发严重通货膨胀并造成破坏性后果的政策。从理论上讲，与普通货币增加规则相比，这个规则可能更有效。但是弗里德曼和他的同事们所指出的这种会有一段比较长且变化莫测的后滞期意味着，操作一项将会提高经济表现的稳定化政策实际上是不可能的。在实践中，稳定化政策更有可能破坏经济的稳定性。

20世纪60年代末和70年代初，美国经济承受的压力主要来自于为约翰逊总统所实施的"向贫穷宣战"（War on Poverty）计划所付出的代价，以及在凯恩斯主义财政政策的成功运用已经给美国经济带来近乎完全就业之际，越南战争的同时逐步升级。其结果是，通胀率开始上升。1972—1973年期间出现全球范围内的经济增长，许多国家增速迅猛。由于需求增加，基础商品的价格也有所上涨。唯一例外的是石油，其生产能力仍维持在高水平。1973年，由于赎罪日战争的爆发，这种情况发生了变化。此后，阿拉伯人主导的石油输出国成功地形成了垄断组织卡特尔，使石油价格翻了4倍。但是由于世界需求的骤降（石油出口国突然获得的巨额收入无法在短期内花光，而石油进口国却被迫缩减开支以支付石油款），加之通货膨胀，全球的经济扩张顿时停滞。此外，当能源价格很低时，高效率的技术突然间变得不经济了，因为公司再也付不起燃料费用，也拿不出实现现代化更加节能所需的资本。出于完全相同的原因，许多家庭废弃了耗油量大的汽车，转而使用小型省油的车型。需求的锐减导致失业，并出现了

"滞胀"现象,通胀率与失业率同时升高。

在这样的背景下,货币主义就显得更加具有说服力。尽管人们对弗里德曼的实证研究存有怀疑,但是,20 世纪 70 年代产生的数据消除了人们对货币与价格之间存在联系的怀疑:比如,在英国,货币供应量的增长率从 1970 年的 10% 左右增长到 1973 年的 25%,1975 年又下跌到 8% 以下而 1972 年该国的通胀率仍然只有 8%,1975 年达到最高值,几乎接近 25%,而到 1978 年又跌回到 8%。这清楚地显示出有两年的滞后期。虽然通胀率一般较低,但这种格局也出现在包括美国在内的其他国家。当然,也有很多因素说明非货币原因可能产生一定的影响,但是相关证据的权重有明显的变化。

与此同时,也有证据似乎能够支持弗里德曼在 1967 年就任美国经济学会主席时公开阐述的、并在 1968 年发表的观点,即现实中存在一种失业的"自然率",如果决策者确定的失业率目标高出这个比率,那么通胀就会加速,因为日益加剧的通胀会提高人们对通胀的预期,导致通胀进一步升高。失业根本不是政府能够控制的变量,这也强化了他的观点,即政策应该以货币供应量的增长率为导向。从此还演化出这样一个神话:凯恩斯学派经济学家没能够预测出任何为了创造完全就业的努力都将会导致滞胀这一结果。事实上,由无可挑剔的凯恩斯学派经济学家构成的美国经济顾问委员会(Council of Economic Advisers,简称 CEA),曾经对这种危险发出过警告,但是约翰逊总统无法减少对越战争的投入,也不愿意缩小他的"伟大社会"计划的规模。经济顾问委员会成员之一,耶鲁大学经济学家詹姆斯·托宾(James Tobin)在谈起 20 世纪 60 年代美国运用的凯恩斯经济学时说道：

> 新经济学是一门科学，对这一观点的认同不但没有因为
> 拒绝采纳其从业者的忠告而如预期的那样发生了不好的事情
> 而削弱，反而还得到了加强。财政政策的经济效应由于越南
> 赤字支出给经济带来的有力刺激而得到证实，而不是否认。
> （引自 Bernstein，2001，第 151 页）

关于通过增加税赋来降低通胀威胁的建议毫无成效，因为政
界反对仅仅根据一个预测就实施不受欢迎的措施：的确，由于它
确实不得人心，几乎没有经济学家愿意从事这项工作。但是尽管
如此，弗里德曼和那些对 20 世纪 60 年代所奉行的凯恩斯主义政
策持批评意见者，却能够创造出这样一个神话：凯恩斯主义已经
失败了。当然，一旦滞胀发生，政策制定者就面临着新问题，需
要采用新办法，但是这是另一回事了。

当代宏观经济学

到此，故事向前发展，经济学陷入各流派间的争论之中，20
世纪 70 年代和 80 年代期间，货币主义借此对政策的制定产生了
影响（这是第 5 章讨论的英国货币政策的背景）。然而，就我们
讨论的目的而言，关注理论经济学的发展更加重要，但是重要人
物不再是弗里德曼，而是罗伯特·卢卡斯（Robert Lucas）。卢卡
斯是芝加哥大学的博士。他的第一份工作是 1963 年到 1974 年
间在卡内基梅隆大学的工业管理研究生院（Graduate School of

Industrial Administration,简称 GSLA)的教职。工业管理研究
生院(在第 8 章会有进一步讨论)受到赫伯特·西蒙(Herbert
Simon)的强烈影响,赫伯特·西蒙的研究生涯横跨经济学、管
理科学和心理学。这一点很重要,因为他们关注的重点是将企业
和经济主体看作是信息处理系统,其行为可以用规范的数学方法
加以分析。卢卡斯成为这个学术团体的一员,研究最佳投资和企
业生产决策问题。

　　1969 年,埃德蒙·菲尔普斯(Edmund Phelps)把一些都在
专门研究价格、工资、产出和就业如何在信息不完全的情况下
发挥作用这个问题的经济学家组织在一起,编写出版了《就业
和通货膨胀理论的微观经济基础》(*Microeconomic Foundations of
Employment and Inflation Theory*,1970)。贯穿该论文集的方法直
接反映了 20 世纪 60 年代微观经济学的发展,也必然把注意力集
中在非均衡和动态变化。因为处于均衡状态时,信息方面的问题
相对来说是次要的。在这个论文集的一篇文章中——该文两年前
发表于《政治经济学期刊》(*Journal of Political Economy*),作者
菲尔普斯提出了一个非常类似于弗里德曼在美国经济学会就职演
说中使用的观点。但有一点与弗里德曼不同,那就是他根据有限
信息条件下规范的行为数学模型解释了为什么岗位空缺与失业
并存。

　　卢卡斯是该论文集的作者之一,他与伦纳德·拉平(Leonard
Rapping)合写了一章,介绍劳动力市场模型,然后使其适用于
美国的数据。当遇到不完全信息时,这些模型中的工人有时会
表现出错误的行为,并以失业而告终。他们这个模型的主要特
点是失业是自愿的,是工人们所做选择的结果。在他们的模型

中，失业工人是一些"认为现在可能受雇工作的工资暂时较低，因此选择等待或寻找更优惠条件，而不是设法转岗或转行的人"（Phelps，1970，第 285 页）。简言之，一个被解雇但拒绝接受在麦当劳做汉堡的银行家在模型中被视为选择失业以便能够找到更好的工作。关注有限信息和搜寻模型带来了理解失业的新方法；凯恩斯学派经济学家把失业看成是非自愿的，这反映的是一种即使失业工人愿意接受较低工资也没有工作机会的情境。实际上，从某种意义上说，这是凯恩斯主义经济学的精髓：如果工人们能够通过谈判，接受工资削减，为自己谋求到工作，就很难说失业是总需求不足引起的。

模型应该将失业视为自愿的，这个观点被发展成一个理论，据此，产出的波动纯粹是因为预期上的失误所致：如果每个人都能正确地预测未来，市场就会实现供求平衡，也就会实现充分就业。随后，卢卡斯又结合"理性预期"（rational expectations）的思想将这一理论发展成后来所称的"新古典经济学"（new classical macroeconomics）。假设人们用一种特定的规则预测通胀。如果用这个规则预测出的结果呈系统性的错误，人们就会将其识别出来并修改他们的预测规则。因此，理性预测是一种生成预期的方法，它所产生的预期不同于仅凭不可预知的随机失误所观察到结果。在《预期与货币中性》（*Expectations and the Neutrality of Money*，1972）一文中，卢卡斯结合上述两种不同观点，建立了一个具有巨大影响力的模型。在他这个模型中，失业波动的唯一原因就是不可预知的货币政策，因为这样的政策将会导致人们出现失误，因此引发产出和就业的短期波动。这个理由比弗里德曼和货币主义者提供的任何理由都更加强有力地反对政府干预。

卢卡斯在这篇论文之后,接着又发表了一篇直接向凯恩斯模型发起攻击的论文——《计量经济学的政策评价:一场批判》(*Econometric Policy Evaluation*:*A Critique*,1976)。如果经济主体是理性的,决策时考虑了所有相关信息,那么未包含理性预期的凯恩斯模型在之前为什么管用呢?卢卡斯的回答是:如果政策遵循某个特定规则(也许它有一个将政策与失业率相联系的规则),那么经济就会产生可以显示某些规律性的数据。只要政府的政策规则不变,这些规律就能够被度量出来,用作宏观经济模型的基础。卢卡斯认为,这恰恰是凯恩斯学派建模者在做的事情。但是,如果决策体制发生改变,行为就会发生变化,基于旧体制下观察到的这些规律建立起来的模型就毫无用途。他认为这就是为什么凯恩斯学派的预测模型在1973年后就失灵的原因。避免这个问题的唯一途径,就是建立一个基于品味和技术等不变的"深层结构参数"的模型。

卢卡斯的模型所暗示的政策结论无疑吸引了一些经济学家的关注,但是许多(或大部分)经济学家却不以为然。尽管如此,他的经济学研究方法还是迅速地流行起来,因为它为处理通胀和失业这类动态问题提供了看起来比较严谨的方法,而这些问题恰恰是20世纪70年代亟待经济学家解决的问题。理性预测的流行并不是因为经济学家相信预测是完全理性的,而是因为做出其他假设的任何理论都有显而易见的问题。如果无法解释对理性的偏离何时和如何发生,断言理性预期不符合事实最终是站不住脚的。

卢卡斯指出,商业周期由货币冲击(即货币供应增长率的随机变化）所驱动，但是在 20 世纪 70 年代期间，这种说法很快就遭到质疑。这个假设与实际数据根本就不相符。对此的一个回应是承认卢卡斯方法的基本原理，包括理性预期，但却假设驱动商业周期的是"真实"冲击，包括生产力增长率的随机变化。支持这个方法的关键人物是芬恩·基德兰德（Fynn Kydland）和来自明尼苏达大学的爱德华·普雷斯科特（Edward Prescott）。他们二人将这个方法发展成为真实商业周期理论（Real Business Cycle Theory，简称 RBC）。

　　另一个回应是向卢卡斯和真实商业周期理论的理论家提出的假设——市场处于均衡状态，因为供应和需求永远相等——发起挑战。所谓的"新凯恩斯主义"（new keynesian）经济学家发展出吸收了卢卡斯的许多创新内容，但对其中的劳动力供求永远平衡的假设却提出挑战的模型：非对称信息（见第 6 章）、长期契约和不完全竞争被用来证明，即便有理性预期，凯恩斯主义的现象也仍会出现。在欧洲，20 世纪 80 年代的失业率一直居高不下，而在美国，20 世纪 80 年代初的失业率则下降迅猛，因此新古典和真实商业周期理论在欧洲的可信性就远不如美国。

　　最终，情况变得很明朗，这就是必须抛弃早期真实商业周期理论中简单化的成分，引入刚性的假设。到了 20 世纪 90 年代，这个过程进展顺利，其结果是真实商业周期理论和新凯恩斯模型之间的区别变得模糊。然而，被后人熟知的动态随机一般均衡模型（DSGE 模型）最终成为宏观经济学理论阐述的主力。新古典主义和真实商业周期的理论家们都采用该模型，其吸引力来自于这样一个事实：它带来了一个借助坚实的微观基础进行宏观经济学研究的科学方法，使经济学家可以对动态问题进行严谨分析。

但是,科学严谨性也是付出一定的代价换来的。回顾一下,在20世纪70年代末期,经济学家对一般均衡模型的内在一致性的质疑有增无减,可是一般均衡模型却是,在这类文献看来,严谨的宏观经济学理论阐述的基础。像阿罗、克洛尔和莱永胡武德这些经济学家对传统理论的怀疑一直集中在市场不是处于均衡状态时可能产生的问题。还有一些经济学家,如法国的埃德蒙·马兰沃(Edmond Malinvaud)在他的一部被广泛引用的短篇专著《对失业理论的再思考》(*The Theory of Unemployment Reconsidered*, 1977)中的论证,进一步认为20世纪70年代的滞胀说明市场不是处于供求均衡的状态。与此形成鲜明对照的是,新古典经济学派和追随他们的真实商业周期理论家们仍固守己见,假定市场是均衡的:他们避而不谈反对者提出的与一般均衡理论相关的概念性问题,仍就只是假设供给必须永远等于需求。他们不仅对有人提出的,人们需要时间采取措施才能使市场达到均衡的反对意见置之不理,而且还用一种叫"代表性行为人"(representative agent)的设计忽略个体加总的问题。这样就有效地证明新古典和真实商业周期理论模型中所有行为人都相同,从而排除了个体加总的问题。这是一个相当强的假设。值得注意的是在一个行为人完全相同的世界里,穷人和富人没有差别,这也就意味着每个人对未来的预期都一样(行为人在各个方面都完全相同),金融资产的交易也没有发生的理由。显然,由完全相同的行为人组成的世界与我们所生活的现实世界相差甚远。

在这里,关键的问题是:在将经济作为整体进行考察时,人并不都是完全相同的这一事实是否至关重要?为了分析用其他方法一直无法理解的机制,而简化现实世界的策略,从原则上讲,是完全合理的。也可以争辩说，这个策略是富有成效的，它关注政策制度，考虑了私有部门可能设法对政府政策行动做出预期，这些都显然关注了可能会被忽略的重要问题。但是，为此付出的代价是，这个模型的建立仅仅是为了让人们接受"市场运行如此平稳，政府无须干预"的观点。虽仍有一些经济学家构建了非完全竞争市场的模型，但是他们是处于防守地位。

宏观经济学和 2007—2008 年的危机

在经济稳定增长、通胀率很低的时期，也就是被美联储主席本·伯南克（2004）称为"大稳健"(the greal moderation）的时期，宏观经济学似乎已经将 20 世纪 70 年代和 80 年代遭遇的失败抛在其后。向基于动态随机一般均衡模型的共识迈出的一大步，由设定通胀目标的政策相伴，而这些政策与动态随机一般均衡模型是一致的，且貌似已经避免了数十年来不时出现的严重政策失误。因此，尽管伯南克承认，"大稳健"可能是结构调整（如信息技术带来的生产力增长或贸易壁垒的减少）的结果，也可能仅仅是运气好，但他感到有足够的信心声称，"对货币政策的改进"产生的效果比一般人认为的更重要。这种政策的改进与宏观经济学理论的进步紧密相关。

在对这个广泛接受的观点提出异议的那些人中，有一位是普林斯顿大学的贸易理论家，后来成为《纽约时报》专栏作家的保尔·克鲁格曼。早在 1999 年，他就发出了所谓"萧条经济学的回归"(the return of depression economics）的警告。他并没有宣称世界经济萧条已经回来了，甚至也没有说它很有可能很快就再次发生,但已经变得十分清楚的是,可能会出现金融市场恐慌,因此可能会导致需求不足,进而难以维持充分就业。在他看来,世界远非"大稳健"一说所暗示的那样,它实际上是一个危险得多的地方。在 2007—2008 年的危机表明世界的确变成了一个危机四伏之地以后,许多经济学家得出这样的结论:宏观经济学理论起到了隐瞒而不是发现潜在问题的作用。对此,克鲁格曼如是说:

> 遗憾的是,这种经过理想化和美化的经济愿景,导致大部分经济学家忽略了所有可能出现的问题。他们对经常导致泡沫和泡沫爆裂的人类理性的局限性视而不见,对胡作非为的机构带来的问题熟视无睹,对可能导致经济的操作系统出现突然的、无法预测的崩溃的市场(特别是金融市场)的不完全性置之不理,对监管者在对监管失去信心时所造成的危险置若罔闻。(*New York Times*,2009 年 9 月 6 日)

克鲁格曼作为报纸专栏作家享有极高的知名度,容易使许多批评家以政治动机为名排斥他的工作,因此要强调他表达的观点得到了德高望重却无此身份的经济学家的认同,这一点是非常重要的。比如,伦敦政治经济学院教授、1997—2000 年英国货币政策委员会创始人、托宾指导过的博士威廉·比特(Willem Buiter),就写了一篇评论性文章,标题是《真不巧,大多数"最先进"的学院货币经济学都没用》(*The Unfortunate Uselessness of Most 'State of the Art' Academic Monetary Economics*):

英国货币政策委员会的成员……包括……具有相当强代表性的学术型经济学家，以及经过严格技术培训和具有严肃技术背景的其他职业经济专家。因此，当中央银行必须转型，从有序金融市场条件下以遏制通胀为目标的央行，转变为在广泛的市场非流动性和资金非流动性的条件下，以金融稳健为导向的央行时，就面临着来自这方面的巨大阻力。的确，过去30多年间在英美大学盛行的宏观经济学和货币经济学研究生课程，可能导致他们对总体经济行为的认真调研，以及对与政策相关的经济活动的认识，倒退了几十年。这是对时间和其他资源的浪费，个人和社会都为此付出了代价。(blogs.ft.com/maverecon/ p=667，2009 年 3 月 3 日)

比特指责的是当金融稳定成为问题时"最先进的"宏观经济学所具有的误导作用。即这个理论早先很有用（而他对此不置可否），但它分散了人们对关键问题的注意。比特继续明确指出他在批判宏观经济学的哪个部分：

自20世纪70年代以来，大部分主流宏观经济学的理论创新［与小罗伯特·卢卡斯、爱德华·普莱斯科特、托马斯·萨金特（Thomas Sargent）、罗伯特·巴罗等名字联系在一起的新古典理性预期革命，以及迈克尔·伍德福特（Michael Woodford）和其他许多人的新凯恩斯主义的理论阐述，主要是基于动态随机一般均衡模型的理论］是自我指涉的，至多是不问窗外事的自娱自乐。他们研究的内在动机更像是出于内在逻辑、智力上的沉淀资本和对已有研究项目的美学困惑，而不是出于去了解经济运行方式的强烈渴望，更谈不上去了解在经济危机和金融不稳定时期经济如何运作了。因此当危机发生时，职业经济学家们措手不及。（同上）

后来，比特列出了这些模型的技术问题，包括对完全有效市场假设的依赖。

不论是克鲁格曼还是比特，原则上都不拒绝使用数学模型。其实他们二人都是有一定成就的模型创建者，正是这个特点让他们显然不同于第9章谈到的那些非正统经济学家。他们二人主张，过去20年间以模型占统治地位的宏观经济学是建立在不恰当的假设之上，这种现象并不是意识形态造成的（第8章会探讨的一种可能性），而是由模型自身的美学魅力所致。一边是以备受质疑的假设为基础的严谨模型，另一边是基于更加现实的假设但却"较散乱"的理论，面临在这两者之间要做出的选择，大部分宏观经济学家选择的是前者。如果经济学家们能始终警惕他们所用模型的局限性，那么这种选择就不成问题。毕竟，经济学模型本身就是一种简化，其目的是要阐明某种现象，而不是提供一个无所不能的理论。然而，结果并非如此：数学模型起到的作用引开了人们对2007年以后发生的关键问题的注意。

第 8 章　科学与意识形态

从混合经济到自由市场经济

第二次世界大战结束时，除苏联外，世界各国广泛赞同建立混合经济的必要性。尽管人们对于如何划分私有部门和公有部门（例如，基础工业是否应该国有化）、经济规划的最佳形式、收入再分配的适度水平等问题还存在分歧，但政府应该参与经济活动的原则得到普遍认可。这是二战期间经济规划在英美取得显著成功的结果。凯恩斯经济学已经确立的观点是需要依靠宏观经济规划来保证充分就业，这已经成为战后英美两国采用的目标。参与建构数学模型的许多经济学家也支持经济规划，包括考尔斯委员会研究主任雅格布·马沙克在内的几个经济学家，在两次世界大战期间关于是否可以建立一个有效的计划经济的辩论中也持社会主义者的立场。

虽然在1945—1951年执政期间，英国工党着手实施重要工业国有化的计划，但支持混合经济与支持苏联中央计划经济二者之间相差甚远。另一方面，在美国，那些认为实施"新政"就是搞"社会主义"而对其不以为然的美国商人有充分的理由怀疑经济学家。在20世纪40年代末到50年代初，西方国家歇斯底里的反对共产主义的浪潮，导致有人批评"共产主义"这个词被滥用了，可以被随便地用来反对可能与经济规划有关的任何思想。包括萨缪尔森在内的许多经济学家的观点都受到过攻击，言辞有时相当激烈。在这种情况下，如萨缪尔森所承认的那样，最有价值的做法是让自己的研究成果表现出科学性，而且技术性越强越好。

到 20 世纪末，这种局面发生了巨大的改变。那些骨子里因害怕威胁到自己的盈利而仇视政府干预的商人们的观点，在社会上更加盛行。人们对政府管理各种事务的效率普遍抱有怀疑。与此同时，社会甚至价值观都发生了大规模的商业化。市场的作用得到扩展，在市场无法自发演进的地方，政府会创造出市场。人们试图使政府组织和政府投资的经济活动最小化。国有化行业被私有化，政府提供的服务被外包给私人承包商，行业管制被解除，税赋被削减，为了降低政府支出水平（不包括国防），做出了各种尝试。在英国，有一位工党财政大臣觉得这样能够激励人们去争取高工资，而不是将他们视为市场体制中的失败者。竞争、市场和激励措施作为主流政治话语取代了社会正义。同时在美国和英国，允许收入分配不平等程度加剧，导致战后出现长期的社会分裂。

在理论经济学界，发生了两件事情。20 世纪 50 年代，经济学家高度关注市场失灵问题和如何通过政府干预来解决这些问题。所采用的一般方法是制定出最佳的政策，其前提假设是关心社会福利最大化的政府能够将其付诸实施。与此相反，从 20 世纪 60 年代开始，由于担心政客或官僚追求个人利益而不顾及整个社会的利益，人们越来越关注政府干预可能使情况更糟糕的可能性。因此，经济学家们制定出愈来愈多的市场方案来解决经济问题（如第 2 章讨论的那些）。第二个变化与第一个不同，是所谓的"自由市场经济学"（free market economics），或称"新自由主义"（neoliberalism）思想从 20 世纪 70 年代开始越来越重要，这一思想坚决拥护据称不受管束的自由市场，同时谴责政府干预。因此，虽然大部分经济学家仍然支持政府发挥重要作用，相信最佳政策需要在政府和市场失灵这两个问题之间有效地加以平衡，但是有些过激的经济学家却把政府看成是主要问题。米尔顿·弗里德曼与其夫人和罗斯·弗里德曼（Rose Friedman）在 1979 年出版的《自由选择》（*Free to Choose*）一书，还有与之相伴的同名电视系列片，十分精辟而生动地说明了思想上的这种转变：美国公共电视网（PBS）的电视系列片的前两个主题是"市场的力量"和"管制的专横"。在 20 世纪 50 年代，该观点在大部分经济学家眼里是一种极端思想，但是到了 80 年代，这些思想尽管可能未得到多数经济学家的赞同，却受到更多的重视。

在考虑引起这些变化的原因和经济学家在其中的作用时，将认为扩大市场范围是实现社会目标的重要手段的经济学家，与认为政府先天就具有有害性的经济学家区别开来，是十分重要的。反对弗里德曼的，是许多既坚信福利国家的社会民主观点，又赞成用市场方案解决诸多问题的经济学家。第 1 章谈到的约翰·麦克米兰的观点，就是这种立场的一个典型代表。麦克米兰尽管赞成"重造市场"，但接下来却说市场需要合理地加以设计，"现代经济根本不可能按自由主义原则运行"（McMillan，2002，第 226 页）。然而，这两种趋势有时很难分开，就如据信是萨缪尔森对弗里德曼开的玩笑那样："米尔顿·弗里德曼就像是某个知道如何拼写'香蕉'这个字，但不知道在哪儿停下来的人"。萨缪尔森认为弗里德曼得出的结论很荒唐，但他的出发点却是俩人都赞同的经济思想。

然而，尽管这两大变化——经济学家对市场解决方案的态度更为开放和对政府干预抱有敌意的经济学家的地位日益重要——是不同的，但我们需要分清它们相互影响的方式。

自由主义的经济学

1947 年 9 月，弗里德里希·冯·哈耶克 (Friedrich von Hayek)，一位 20 世纪 30 年代进入伦敦证券交易所的奥地利经济学家，召集对发展"自由哲学"感兴趣的学者开了一次会。会议的成果就是成立了朝圣山学社 (Mont Pelerin Society，简称 MPS)，此名是根据第一次会议的地址而起。学社的宗旨不是要对政策立即施加影响，而是希望长期影响舆论环境。哈耶克明确地把学社的任务与社会主义者和费边社 (Fabian Society) 的新开明派知识分子所面临的任务进行了对比。

米尔顿·弗里德曼和其他成员后来在学社中拥有极高的影响力，但是哈耶克是占主导地位的人物，这主要是因为他的专著《通往奴役之路》(The Road to Serfdom，1944)。在这本被广泛阅读的书中，哈耶克提出了一个新运动宣言。据一位评论家说，在英国，哈耶克的书"成功地重新定义了政治辩论，在某种程度上说，自此以后没有任何单独的一本书或信仰的表述做到了这一点"(Cockett，1994，第 97 页)。在美国，《读者文摘》(Reader's Digest) 杂志刊登了《通往奴役之路》的缩写稿，吸引了大量读者。主要由于哈耶克的活动，朝圣山学社成为一个全球性的学术圈子的中心，其参与者包括赞成自由市场思想的个人和组织、智库和学院经济学家，在这些人中，有许多要么是芝加哥学派的成员，要么就是在芝加哥大学受过教育。在这些组织中，不论是从接触范围（成员包括自由主义者、奥地利学派，以及主流经济学家），还是从运作时间上看，朝圣山学社都是独一无二的。

当哈耶克筹备第一次朝圣山会议时，有一位叫安东尼·费舍尔（Anthony Fisher）的商人联系过他。该商人不久前读过《通往奴役之路》，想向哈耶克请教如何影响公共政策，让事情向更好的方向发展。哈耶克的回答是：

> 我想同其他人成立一个学术研究组织，向大学、研究生院、新闻广播机构中的知识分子提供市场经济理论及其实际应用的权威研究成果。（引自 Cockett，1994，第 124 页）

这个组织终于在 1955 年成为现实，取名叫"经济事务研究所"（Institute of Economic Affairs，简称 IEA）。研究所的宗旨并没有提及自由市场（它可能听起来太政治化），而是"研究作为表达偏好和分配资源的技术手段的市场和定价体系"（Cockett，1994，第 132 页）。然而，该组织出版了一系列由学术型经济学家、新闻记者和政治人物撰写的小册子和书籍，探讨解决经济问题的市场方案，提出了许多超前的观点（如私有化、放松管制和创建市场的方法等），这些最终都成为政府的政策。在英国，尽管该研究站在无党派的立场，但它对撒切尔夫人领导的保守党产生了特别重大的影响。除此之外，它可以说通过公开支持以前未被重视的政策[科克特(Cockett)这本书的书名正是《想象不可想象之事》(*Thinking the Unthinkable*)]促进了舆论环境的改变,同时因为它提供了大量资料,除了可供政策决策者参考,还对学生有一定的吸引力,让他们了解到微观经济学理论的应用情况。

组建经济事务研究所时,费舍尔是受到了纽约"经济教育基金会"(Foundation for Economic Education,简称FEE)的影响(该基金会派代表参加了朝圣山协会的首次会议),他在1952年曾前去拜访过该基金会。这个基金会是由伦纳德·E.里德(Leonard E. Read)于1946年创立,并得到路德维希·冯·米塞斯(Ludwig von Mises)和记者亨利·黑兹利特(Henry Hazlitt)的支持,其宗旨是"向世人宣传自由市场经济的原则:个人自由、私有财产、有限政府,及自由贸易"。与经济事务研究所一样,经济教育基金会关注的是兜售或散播自由市场观点,而不是做学术研究。成立于1943年的"美国企业研究所"(American Enterprise Institute,简称AEI)也是这样。宣传自由原则也是皮埃尔·F.古德里奇(Pierre F. Goodrich)创立于1960年的"自由基金会"(Liberty Fund)的宗旨。从1951年直至1973年去世,古德里奇密切参与朝圣山学社的工作,他去世时将自己房地产的大部分留给了自由基金会,该组织用其资助了大量的学术会议和出版物。

经济事务研究所、美国企业研究所和经济学教育基金会并不是英美为了分析社会政策而最早成立的智库。在英国,早有费边社(成立于1884年)、"国家经济社会研究所"(National Institute for Economic and Social Research,成立于1931年)和"政治经济计划会"(Political and Economic Planning,成立于1931

年）这些智库。在美国，则有"拉塞尔·赛奇基金会"（Russell Sage Foundation，1907 年），"布鲁金斯学会"（the Brookings Institution，1916 年）和"国家经济研究局"（National Bureau of Economic Research，成立于 1920 年）。除费边社外，这些机构都是学术研究组织。尽管这些团体很难保持中立，因为他们的工作对政策具有显著的影响，但是他们的研究是基于这样的前提：公正无私的社会科学探索，能够有助于更好地制定政策，即便只有在长期才能收到成效。

　　然而，自由市场经济智库团体数量的增加主要发生在 20 世纪 70 年代，在这个过程中，朝圣山学社和经济事务研究所提供了联系重要推动者的人脉网络。在英国，出现了"政策研究中心"（Centre for Policy Studies，成立于 1974 年）、"亚当·斯密研究所"（Adam Smith Institute，成立于 1977 年），以及由经济事务研究所积极支持成立的"社会事务小组"（Social Affairs Unit，成立于 1980 年）。经济事务研究所的创始人费希尔还协助成立了"加拿大弗雷泽研究所"（Canadian Fraser Institute，成立于 1975 年）和"经济政策研究国际中心"（International Center for Economic Policy Studies，成立于 1977 年），该中心后来改名"曼哈顿研究所"（Manhattan Institute）。受到鼓舞之后，费舍尔在 1981 年开始着手做一个在世界各地创建研究机构的项目，最终形成"阿特拉斯经济研究基金会"（the Atlas Economic Research Foundation），这是一个非营利组织，总部设在弗吉尼亚州的费尔法克斯。该基金会通过协助开发和加强以市场为导向、覆盖全球的智库网络，为世界带来自由。阿特拉斯经济研究基金会的使命是"发现、发展和支持世界各地具有创立独立政策研究所潜力的智识创业者和开阔我们视野的相关研究项目,并且给予这类研究所和项目持续的支持直至成熟"(见 www.atlasusa.org)。在庆祝经济事务研究所成立 30 周年的晚宴上,费舍尔将这个基金会称之为"一个遍布 20 个国家、有 40 个成员的大家庭"。到 20 世纪末为止,阿特拉斯与 150 个类似的机构合作或给予支持。

在美国,最重要的发展也许是于 1973 年成立的"传统基金会"(Heritage Foundation)。尽管有美国企业研究所的存在,但相关人士还是觉得有必要成立一个更激进地倡导保守派立场的机构来影响政策制定,从而降低自由主义(左派的)思想通过布鲁金斯学会转变成政策的效率。布鲁金斯学会被认为是左派的"政策制定微调机器"的一个重要组成部分(Edwards, 1997, pp.2—3)。在巴里·戈德华特(Barry Goldwater)1964 年竞选总统失败后,这种感觉更加迫切。以斯特罗姆·瑟蒙德(Strom Thurmond)和另外两个共和党参议员为核心的一群人,在酿造巨头约瑟夫·库尔斯(Joseph Coors)的支持下,于 1971 年成立了"分析与研究协会"(Analysis and Research Association,简称 ARA),后来在 1973 年更名为"传统基金会"。基金会主席埃德温·福伊尔纳(Edwin Feulner)力争创立"一个新的保守派联盟,取代曾统治美国政界近半个世纪的新政联盟"(Edwards, 1997, p.32)。1979 年,传统基金会设计了一个保守派项目,可供即将执政的共和党政府采用——它出版的政策分析专著《领导者的使命》(*Mandate for Leadership*)在头一年的销量高达 15 000 册。在里根总统执政期间,传统基金会在政策制定过程中的影响力得以确立,到 1997 年它的收入达到 3 500 万美元,其规模超过了历史更为悠久的布鲁金斯学会。

虽然哈耶克的战略是关注经销二手思想的人，但是为智库界这种变化提供支持的机构并没有忽视学术界。直到 20 世纪 60 年代为止，只剩下两个致力于传播明确的自由市场思想的重要基金会："沃尔克基金会"（Volker Fund）和"埃尔哈特基金会"（Earhart Foundation）。但是进入 20 世纪 70 年代后，又出现了几个坚决支持促进自由市场思想的学者的基金会："斯凯夫基金会"（Scaife Foundations）、"布拉德利兄弟基金会"（Lynde and Harry Bradley Foundation）、"约翰 M. 奥林基金会"（John M. Olin Foundation）。与当时的福特（Ford）、卡内基（Carnegie）和洛克菲勒（Rockefeller）基金会相比，这些基金会的资源相当少，但是它们关注一小批研究机构（虽然并非只关注它们），为这些机构提供长期的资金支持，确保它们得到发展，其中包括但不限于弗吉尼亚理工学院（Virginia Polytechnic Institute）和乔治梅森大学（George Mason University）专注于公共选择的研究中心，还有芝加哥大学（University of Chicago）法经济学领域的约翰·M. 奥林法经济学研究项目（John M. Olin Program in Law and Economics）。这两类研究项目在 20 世纪 70 年代和 80 年代都变得重要。

冷　战

然而，尽管朝圣山学社的某些经济学家（如弗里德曼）在经济学界已经相当有影响力，但是学术领域还会受到其他因素的推动而发生变化。像大部分社会科学学科一样，第二次世界大战对经济学产生了深刻的影响。二战后不久就进入了冷战时期，这为美国政府提供了更为直接地参与科学资助的理由：高等教育，包括社会科学，在大多数国家都有大规模的扩张。政府资助变得更加重要。在美国，有些资金来自于国防机构——美国空军（U.S. Air Force）、美国海军（U.S. Navy）和中央情报局（CIA）。慈善基金会组织，尤其是福特基金会、洛克菲勒基金会和卡内基基金会，在社会科学形成的过程中发挥了主要的作用，有时也参与美国国防设施的建设。

国防经费与经济学联系密切，最明显、最重要的例子是兰德公司（RAND Corporation，英文"RAND"是"research and development"即"研究与发展"的缩写。但也有批评家开玩笑说，鉴于该公司所承担的纯理论研究工作的总量，RAND应该是"research and no development"即"研究与不发展"的缩写。），它是驻扎在加利福尼亚州圣莫妮卡市的智库，由美国空军所建立。其目的是延续战争中已确定的做法，即将专业的科学研究用于军事目的。因为在博弈论方面的研究工作，兰德公司在20世纪50年代是非常重要的，而且考尔斯委员会的许多成员都曾在这里工作过一段时间。兰德公司最初是道格拉斯（Douglas）飞机制造公司的一个分部，主要从事空战研究。为了避免利益冲突，1948年兰德公司脱离原公司而独立存在。20世纪50年代公司又与福特基金会建立密切关系，并与卡内基基金会、洛克菲勒基金会一起，为巩固美国在世界上的影响力做出了重大贡献。

1953年后，H. 罗恩·盖瑟（H. Rowan Gaither）任福特基金会主席一职，在他领导期间，基金会遵循的政策是支持"作为对社会进行专业化管理的工具"的社会科学（Amadae，2003，第38页）。与包括芝加哥大学在内的许多大学一样，兰德也获得了资金支持。福特基金会的技术专家治国的理念也非常符合兰德这样一个由科学家和工程师组成的非营利组织的宗旨。盖瑟后来还成为兰德公司理事委员会主席，在他的领导下，兰德公司愈发受到专注于所谓"系统分析"（systems analysis）的经济学家的主导。系统分析这个术语表示的是可同时用于私人企业和国有企业的高效管理技术。在罗伯特·麦克纳马拉（Robert McNamara）的领导下，将系统分析运用于越南战争的军事部署，这正是在商业领域发展起来的高效管理系统也可以应用于政府活动这一思想的体现。麦克纳马拉曾经担任过福特汽车公司的总裁，后来成为肯尼迪和约翰逊两位总统的国防部长。

在一定程度上看，系统分析不过就是一个基于意识形态的概念。但是，它根植于理性选择理论之中，可以说，后者在意识形态上有着一定的用途，因为它为攻讦共产主义提供了一个知识框架。理性的个体行为与苏维埃国家的集体行动正好形成对照。据称，该理论的主要文献是阿罗的《社会选择和个人价值》一书，完成于1948年他在兰德公司工作期间。当时有人问阿罗：在对核战略进行的博弈论分析中，苏联的效用函数应该是什么样的？而这本书则是他对这个问题的研究成果。虽然阿罗并不是这样看待这个问题，但是他的原理，即无法用一种可接受的、非独裁的方式推导出社会福利函数，可以被视为是对两次世界大战期间对社会主义的激烈争论的回答。阿罗表明：集体主义与自由主义的价值观是相互抵触的。这种强有力的结论显然对意识形态有一定的影响。

理性选择理论的一个重要应用是博弈论。兰德公司促进了该理论的发展，因为它在制定军事战略时具有可感知价值。冷战期间,核战略直接依赖于对方对己方采取的任何行动将如何反应的预测。自然的假设就是俄罗斯人也在采用相同的方法分析局势,也就是说,可以将面临的局势建模为一个非合作博弈。也许更可靠的说法是,在 20 世纪 50 年代,博弈论最重要的研究是在美国军方的资助下完成的,而其中的许多研究是在兰德公司进行的。

然而,尽管兰德公司和国防资金支持十分重要,但也必须注意,它们并不是促成对经济进行科学管理这一愿景的唯一因素。福特基金会在 20 世纪 50 年代就对商学院投入了大量的资金。他们想要创立一种商科教育的新方式。为了实现这个目标,福特基金会赞助建立了五大"卓越研究中心"(Centers of Excellence),其中最大的是工业管理研究院 (GSIA),位于卡内基梅隆大学 (Carnegie-Mellon University)。在这里,所进行的重大研究是由包括莫迪利亚尼(Modigliani)和米勒(见第 2 章)以及卢卡斯(见第 7 章)在内的经济学家所承担的有关金融和宏观经济学的课题。研究的重点是可用于管理的定量分析技术的发展与运用,这种方法与最具影响力的哈佛商学院(Harvard Business School,简称 HBS)的案例研究完全不同。尽管工业管理研究院是一所商科学校,但它的院长、经济学家李·巴赫(Lee Bach)为它确定了学术氛围。李后来成为萨缪尔森初级经济学教科书的主要竞争教材的作者,并且与跨经济学与心理学两个学科领域的专家赫伯特·西蒙有密切合作。兰德公司研发的理论与其他人的理论,如工业管理研究院的西蒙,有显著差别,但它们有一个共同点,就是致力于通过严谨的定量分析实现经济学的科学性。

经济理论与意识形态

大部分经济学家都必然声称，经济思想发展的原因不是由意识形态决定的，而是由经验决定的。经济思想向自由市场经济的转变是因为人们认识到，用计划和非市场的管制方式管理经济活动已经遭遇失败。因此，雅克·波拉克（Jacques Polak），这位或许是战后最初那几十年国际货币基金组织最有影响力的经济学家观察并总结道：

> 在世界上大部分地区，从（国家干预的）共识管理转向（以市场为导向）的自由放任，这个过程（主要）应归功于新古典经济政策取得成功的证据不断积累，尤其是在东亚的成功，这与其他许多国家过去的政策所带来的令人沮丧的后果形成鲜明对照。（Polak，1997，第 217 页）

麻省理工大学的著名经济学家奥利维尔·布兰查德（Olivier Blanchard）就明确反对意识形态推动经济学发展的说法，他的观点得到许多经济学家的附和。他在法国报纸《解放报》（*Libération*）上的刊文中指出：

> ［某一经济学研究方法的］这种主导地位会造成一种共同的语言和共同的方法。它肯定并不是必然包含共同的意识形态。实际上，当今经济学的特点是实用主义。对大部分人而言，市场通常有效，但有时也失效。政府要发挥至关重要

的作用。他们可能做得很好，也可能不太好。经济学家的职责就是根据具体情况帮助他们。这里没有什么意识形态。（2000 年 10 月 16 日；此段话由原文作者翻译成英文）

因此，在兰德公司，即使有人会提出，用于对抗冷战的制度不可能不受意识形态的影响，但研究仍然强调用技术的、经得起理性证据分析的方法来处理经济和社会问题。

然而，对追求科学性的经济学家无法完全排除意识形态的影响的指责，不会那么容易就消失得无影无踪。约瑟夫·斯蒂格利茨就曾发表过完全不同的观点。在谈到以所有行为主体都掌握关于世界的完全信息为前提的理性—预期模型时，他写道："尽管有证据显示实际情况并非如此，但这种模型的盛行，尤其是在美国研究生院的盛行，证明了意识形态对科学的胜利。"（*Guardian*，2002 年 12 月 20 日）。这也与比特对新兴理论之美感的重视形成了鲜明的对照（在第 7 章末论及）。

正如本书第 6 章和第 7 章清楚阐述的那样，自第二次世界大战以来，经济学受寻求严谨性之努力的驱动，直至 20 世纪 90 年代，注意力都是集中在建模上，而且大部分是以理性选择理论的某个版本为基础。虽然经济学家们的模型有许多相似之处，也就是说，经济理论具有共同内核一说是正确的，但是他们研究的方法却不相同。芝加哥学派有这样一个理论假设：市场是竞争的，除非有充分的理由对此予以否定。正是出于这个原因，芝加哥学派的杰出经济学家、朝圣山社成员斯蒂格勒（Stigler，1959，第522 页）声称："专业的经济学研究使人在政治上倾向于保守。"他所谓的"保守派"是指那些希望让私人企业从事大多数经济活动并相信竞争的力量可以控制私人权力并提高效率的人。然而，其他经济学家的结论则并非如此。麻省理工的萨缪尔森、斯坦福大学的阿罗、耶鲁大学的托宾研究的理论基础基本相同，但得出的结论却不尽相同，因为他们并没有以竞争会控制私人权力、促进效率的假设为前提。诚然，经济学家所面临的任务之一是解答市场为什么会失灵，以及政府该如何设计解决失灵的政策。

像这样的归纳总结是很难做出的，但是，也许可以这样说，在 20 世纪 50 年代和 60 年代的大部分时间里，经济学界的主流观点就是以萨缪尔森、阿罗和托宾的思想为主。弗里德曼和斯蒂格勒的观点受到重视，但是芝加哥学派被普遍认为是代表着极端的思想。弗里德曼所支持的货币数量论与众口一致认同的凯恩斯主义主流观点相左，芝加哥学派对市场的信念被认为是错误的。进入 20 世纪 70 年代，形势发生了巨大变化。1973—1974 年石油价格增长 4 倍，导致经济危机的爆发，使失业率和通胀率不断上升，传统的凯恩斯模型面临重重问题，致使许多经济学家开始相信弗里德曼的观点是正确的，即通货膨胀与失业之间没有永久不变的平衡。从此打开了通往更严谨的宏观经济学模型的发展道路。这些模型是由卢卡斯和其他人在需求管理政策无能为力的 20世纪 70 年代提出的。

随着人们对弗里德曼宏观经济学思想的态度变得认真，对与芝加哥学派相关的其他理论的态度也出现了改变：加里·贝克尔对从歧视到离婚等社会问题所进行的经济分析（见第 6 章），最初是许多经济学家都抱有怀疑的东西，尽管他们可能欣赏该分析的独创性，不过后来，它逐渐地受到重视。公共选择理论也有同样的境遇，该理论由戈登·塔洛克和在芝加哥大学受过教育的詹姆斯·布坎南发展于弗吉尼亚。起初曾被认为是旨在解决经济学以外问题的政府失灵理论,后来逐渐被广泛接受,为政府对经济的干预应该最小化提供了有效的理由。

在此出现两个问题需要考虑。第一个问题涉及的是如何看待这个事实:在 20 世纪 70 年代的那些具有影响力的经济学家中,为什么许多人会对自由市场经济坚信不疑?他们当中有许多是朝圣山学社的成员,包括弗里德曼和贝克尔。第二个问题是:在大部分经济学家仍持对它们表示怀疑的情况下,为什么这些观点却变得格外重要?要回答这两个问题,就必须关注经济学家认为严谨的理论阐述到底是什么,关注本章前文和第 6 章、第 7 章所讨论的经济学发展成果。

意识形态上的支持是新理论中的一个要素(同样,对 20 世纪 40 年代、50 年代的凯恩斯主义理论,当然也可以这样说),对此似乎没有什么疑问,即使那些坚持严谨科学分析的经济学家完全说的是实话。通过研讨班的形式教授给学生的芝加哥学派的研究方法要求对任何不符合标准的价格理论(即理性消费和竞争市场的基本理论)的任何结论都进行无情的质疑。引用一位芝加哥学派经济学家的话说,芝加哥的实证(positive)经济学(关于世界是怎样,而不是应该怎样的理论):

> 根植于这样一种假设,即决策者对自己所控制的资源要达到最优配置,从而没有其他任何配置替代方案可以使任一决策者能够让自己的预期效用有所增加,而又不使至少一个其他决策者的预期效用有所减少。(Reder,1982,第 11 页)

可能会被并非来自这一传统的经济学家看作可以显示市场失灵或存在非理性的现象，不断得到探究，直至与上述假设相符。这可以作为一种严谨经济学的方法论立场而加以辩护。但是，这种以某种世界观为核心的方法论立场，是以"市场是有效的，除非有并非如此的证明"这一假设或先验经验为前提条件。事实上，理论是建立在某一意识形态立场之上的。

这种说法并不意味着在其他地方，如麻省理工、斯坦福、耶鲁或哈佛的经济学家提出的理论是无关意识形态的纯理论。它们当然不是这样。但是在这些地方，意识形态与对严谨性的探索之间的关系可以说不那么紧密。有些经济学家可能倾向于赞成国家干预，他们也许使用了强化这一观点的方法，但是并没有同样的方法论原则，会强迫他们朝那个方向发展。

这些讨论也运用于卢卡斯建立的宏观经济学理论。理性预期理论也许并非来自于芝加哥学派，弗里德曼也不一定认可它，但是该理论与芝加哥学派的方法论完全一致，因为它假定人们会充分利用所遇到的一切机会（在这种情况下，也包括对信息的处理）。卢卡斯宏观经济学理论的另一个基础，即在完全竞争市场中存在均衡状态，这也是芝加哥学派标准的假设。可以将卢卡斯的研究理解为芝加哥学派的方法在宏观经济学中的运用，从而说明，如果世人都是高效率的（在上述意义上），那么凯恩斯的政策就没有作用。如果市场没有失灵，而凯恩斯理论又解释不清楚市场为什么不会失灵，那么失业的唯一原因肯定是工人存在过错，或公司出现了失误。卢卡斯模型的建立就是要说明这类错误的根源可能是随机的、不可预测的货币冲击。凯恩斯主义者可能忽视了政府失灵的问题，而在卢卡斯的模型中，政府只会干扰经济的平稳运行。

如果我们把注意力转到公共选择理论上, 就会发现该理论建立于弗吉尼亚而非芝加哥, 尽管其核心人物中有两位是在芝加哥大学接受过教育的布坎南和沃伦·纳特 (Warren Nutter)。公共选择理论诞生于弗吉尼亚大学的托马斯·杰弗逊政治经济研究中心 (Thomas Jefferson Center for Studies in Political Economy), 在此汇集的学者们有着共同的研究议程, 这就是要研究出一个以个人自由为基础的社会秩序——这是一个非常明确的意识形态立场。市场是他们首选的社会组织形式, 但是他们意识到, 还需要研究发生于市场之外的决策, 于是他们运用在芝加哥大学学到的价格理论来做这项研究。

虽然上述观点是由那些倾向于支持自由市场并对政府干预的好处持怀疑态度的经济学家提出来的, 但是为什么这些观点在整个经济学界产生了如此大的影响呢? 其主要原因是, 在处理重要问题时, 他们所做的研究看上去非常严谨。比如, 忠实的凯恩斯学派经济学家托宾, 就非常重视卢卡斯的方法, 尽管他极不赞同卢卡斯的结论。即使对那些反对卢卡斯政策结论的经济学家来说, 卢卡斯还是为经济建模开辟了具有巨大吸引力的新途径: 在通货膨胀变化激烈的世界中, 显然必须以某种方式为预期理论建立模型, 任何意在替代理性预期的方法似乎都是武断随意的。对于有效市场假说而言, 有许多其他理论可以取而代之。虽然"新凯恩斯主义"的劳动力市场理论得到接受和广泛重视, 尤其在 20 世纪 80 年代失业率很高的欧洲, 但这些理论过于复杂, 不适合成为宏观经济学一般新理论的基础。

政治是另一个因素。20 世纪 70 年代后期, 大西洋两岸都选举出了保守派的政府。在 20 世纪 70 年代初，尼克松总统曾向弗里德曼求助，而弗里德曼此前参与过共和党保守派巴里·戈德华特的总统竞选活动。但是，到撒切尔夫人和罗纳德·里根当选国家元首时，智囊团的影响力变得更大了。撒切尔夫人不喜欢学院派经济学家，但是却与经济事务研究所（IEA）联系密切；即使经济学家们不把哈耶克当回事，她仍然对哈氏的研究成果大加赞赏，她被他的自由哲学所吸引。撒切尔夫人对学院派经济学家的怀疑，被 1981 年写给《泰晤士报》的一封联名信进一步加强，有 364 位经济学家在这封信上签了名，其中包括一些著名人物，他们对她正在奉行政策的经济学基础提出了批评。在美国，同样欣赏哈耶克的里根也采用了美国传统基金会提出的政策建议。

20 世纪 70 年代，经济学发生了显著变化，因为意识形态和方法论都在同一方向上施加压力。人们普遍认为有必要在诸如产业组织、发展经济学和宏观经济学这些生僻的领域创建新的理论。于是经济学家开始使用旨在创建这类理论的框架，在导致市场失灵的复杂因素被排除后，依据该框架得出的结论偏向于自由市场。有些经济学家，尤其是芝加哥学派，认为这些结论与他们的意识形态极为相宜。另一些经济学家则认为，新模型具有一定的优点：严谨、简单、逻辑性强，比许多以前的理论更为严密优美，为产生独创性成果提供了宽广的空间。对市场理论持怀疑态度的经济学家发现，他们需要为自己的观点进行辩护。身处智囊团和商界中的非学院派经济学家提出了简单的解决方案，深受政界欢迎；然而在学院派经济学内部，严谨的研究工作几乎已经等同于用理性选择方法解释经济现象，而理性选择最简单的模型都几乎会不可避免地得出符合自由市场经济理论的结论。证明国家干预具有其合理性的理论，不论涉及的是政府直接提供某些服务、中央计划，还是宏观调控，都很难用公认的严谨理论来证明其合理性，它们一进入政策领域就受到自由市场派智囊团的无情批判。

第 9 章　另类见解与非正统经济学

关于经济学的另类见解

即使在自然科学领域，也会有反对者拒不接受那些确立已久的法则。超感官知觉能力的信奉者，拒不接受物理学的定律；创世论者认为，万物皆由上帝同时创造出来，进而拒不接受进化论；而已失落的亚特兰蒂斯文明的信奉者，则面临着考古学家和地质学家们对此文明是否真实存在的一片质疑。不过，尽管对这类观点的公开宣扬让科学家们很沮丧，但这些观点的支持者们一般不会给科学家们造成什么重大问题：因为他们可能会被视为怪人而得不到认真对待。生物学家可能会对生物的具体进化过程持有不同看法，但他们对进化论的原理本身没有任何异议；而考古学家们的意见同样是完全一致的：那些亚特兰蒂斯（至少如通俗作品中所描绘的那个城市）存在的证据纯属子虚乌有。有时候一些非正统的思想深受推崇，但这种情况极为罕见。科学研究是有组织的活动，其目的是为了把那些有奇思怪想的人排除在外。已经确立的理论，其影响力很大程度上建立在已经确立的取证程序和法则的基础之上，这样就将有缺陷的理论排除在外。研究结果必须在其他实验室重复出现，而且一定不能违反已经牢固确立的自然法则（比如，生物学理论必须遵循化学定律）。这种公认的智慧可能更接近于社会规约，而不是客观规律，这是科学家们不愿意相信的。但是情况已经发生了演变，因为这些隐性规则，不管多么不严密，似乎已经发挥作用很长一段时间了。

经济学的现状在某种程度上与医学或心理学的现状更为相像。在医学上，通常有很多已经确立的观点，但对于许多病理现象的认识还相当薄弱。与自然科学相比，"另类的"（alternative）理论在医学上更可能得到诠释的机会。许多疗法都是基于成功的临床经验，有时人们也不太了解这些疗法发挥作用的机制（经常是后来才获得这些知识）。这就使那些另类疗法（比如顺势疗法）的提供者更容易宣布他们是成功的。此外，只要是身为患者，人们就不仅对医学有广泛的兴趣，而且还觉得自己具有一些相关的专业知识。像经济学家一样，医生也承受着要用结果说话的巨大压力，并且还要迅速取得结果。他们不可能总是等到"科学"对一种新的疾病完全了解之后再采取某些措施去治病。最后，总会有新的疾病出现，需要医生给出有效的治疗方法（比如艾滋病或非典型肺炎）。物理学家、化学家或天文学家可能发现一些新的事实，需要他们做出解释，但他们无需面对他们致力于解释的世界可能与过往不同的问题。生物学家可能介于两者之间，人们认为他们用于了解植物和动物的方式，永远也不能用于了解基本物理粒子或浩瀚的宇宙。生物学家提出自然界运行方式的预设，在此基础上开展生物学的研究，但是他们却没有在经济学或医学中所发现的那种要立即出成果的压力。

但是，不应该过分地渲染经济学与医学的相似之处，因为在经济学界，没有任何人有权利可以评判谁有或谁没有在这个领域从业的资格。没有任何经济学相关机构等同于英国医学总会（General Medical Council）或加州医疗委员会（Medical Board of California）这样有权决定什么医疗活动是可接受或不可接受的专业医疗组织。而如美国经济学会或欧洲经济学会（European Economic Association）这样的专业团体既不规定成员资格，也不决定谁有资格作为一个经济学家来发表言论，尽管美国经济学会曾尝试这样做过。因此，没有任何组织对可接受的经济观点的范围做出界定。该学科内可接受主张的范畴以分散的方式掌控于控制着经济学家所在工作机构及其作品发表机构的那些人手中。

就这一点来讲，经济学无异于其他学科，因为它无需满足外部的专业组织。然而，经济学又不像自然科学那样可以通过一些原理很明确地规定什么是或不是合法的科学；它也不适合采用那些社会科学的模式，比如心理学、社会学和政治科学，在这些学科中更大程度的多元化是可被接受的。相比之下，经济学有很强的学科认同，但是它缺乏作为自然科学之特征的共识。经济学应力求严谨，对这一看法有相当的共识。即使流行的研究方法发生着改变，对于构成严谨性的要素经济学家的意见也相当一致。尽管如此，根本的分歧依然存在。比如凯恩斯主义者和真实商业周期理论者之间的分歧，或者从事纯理论研究的经济学者和偏爱归纳统计工作的经济学者之间的争执都能被接受，因为主要期刊会出版争论双方观点的文章。然而，有时双方观点的差异如此之大以至于某个经济学家可能被视为外行，换言之，他们的观点被视为与本专业普遍接受的观点相左的异见或异端。这可能是出于一种选择，也可能是由于他们的工作没有受到重视（通常因为这些工作被视为不够严谨）。有些经济学家感到被边缘化，所以他们成立了自己的组织，讨论并推广自己的作品。其结果就是：一系列虽然界限模糊且不断变化，但却在顶级期刊或主流大学院系可以见到的经济学研究方法，被冠以各种不同名称，如"正统学说"（orthodoxy），或者不太带有批判性的"主流学派"（the mainstream）；而那些与之不相适应的经济学家，则在其他刊物上发表文章。

在许多情况下，这种边缘化涉及意识形态层面的因素。马克思主义经济学派、激进经济学派和后凯恩斯经济学派完全倾向于支持左翼思想，认为资本主义无论如何已经遭遇到了失败。而另一方面，奥地利学派对政府干预抱有敌意，倾向于支持另一边。但是更为重要的是，对被视为经济学研究的正统方法的拒绝，尤其是对大多数经济学家谋求建立本学科的科学地位而采用的形式化的模型的拒绝。

凯恩斯革命的修辞

凯恩斯是一位为异端思想或者异见赢得了尊重的经济学家。在《就业、利息和货币通论》（Keynes，1936）一书中，凯恩斯叙写了一场摆脱"习惯性思维和表达方式"之束缚的长期斗争（Keynes，1936，第 xiii 页）。他赞扬道：

> 这一大群勇敢的异端分子……他们追随自己的直觉，宁愿懵懂地看见不完美的真理，也不愿继续支持运用简单逻辑推理，但却基于不符合事实的假设而得到的那些错误的思想。尽管这些错误的思想，实际上清晰明了，前后一致。

（Keynes，1936，第 371 页）

学院派经济学家通常把这些经济学家看作怪人，认为不值得认真对待。凯恩斯也承认他们所做的许多研究是有缺陷的，他们的很多推理也是不合逻辑的。然而，正如引文所说，他更认为他们自己的直觉是对的，与他们在推理上的缺陷比起来，直觉更为重要。凯恩斯发表了这种言论，还侥幸未招致批评，这是因为他作为所在的那个时代最主要的货币经济学家的资历从未受到过怀疑。

凯恩斯革命后，大多数经济学家开始接纳凯恩斯关于总需求的论述。但是他们并不认为，正确性比逻辑的严密性更重要。相反，逻辑的严密性逐渐被认为是避免错误的唯一方法。具有讽刺意味的是，虽然凯恩斯对"异端思想"（至少是他本人提出的这一个异端思想）大加称赞，但是他的思想促成了一个比 1936 年前存在的正统学说具有更强主导性的宏观经济正统思想。在他的书出版之后的几年内，凯恩斯主义几乎是大获全胜。当弗里德曼和主张实施货币控制政策的同行们尝试恢复货币数量论的作用时，他们就成了在挑战人们已达成共识的"异端"。

虽然凯恩斯可能从未希望要看到一个新的正统学说建立起来，但是他的语言修辞风格促成了这一结果的产生。他采用了一种我们所说的对抗风格，将自己的观点置于其所称的"古典经济学"（classical economics）的对立面。这种古典经济学思想囊括了他想要摆脱的习惯性思维模式。凯恩斯并没有对两次世界大战间现成的各种思想进行研究，而是将它们做了归类分组，然后予以摒弃。促成凯恩斯学说这一显著的巨大突破的另外一个因素是凯恩斯思想被新一代经济学家所采纳。这些经济学家以凯恩斯思想为基础构建起来的数学模型得到迅速发展,比战前文献中所发现的任何研究方法都更加严谨(见第 7 章)。在 1936 年前几乎不存在国民收入统计,而这一方法的运用使凯恩斯思想得到进一步加强。其结果是:即使凯恩斯自己的著作深深地植根于 20 世纪 30 年代的文献,但是对于 20 世纪 40 年代晚期和 20 世纪 50 年代受凯恩斯模型影响的经济学家们而言,20 世纪 30 年代的著作很大程度上以语言推理为基础,似乎并不重要且缺乏严谨性的。

凯恩斯的修辞风格也鼓励经济学家们从思想流派相互竞争的视角展开辩论。20 世纪 40 年代和 50 年代,经济学家们辩论的是"凯恩斯与古典经济学之争"。到 20 世纪 70 年代,辩论的主题变为"货币主义与凯恩斯主义之争"。而到了 20 世纪 80 年代,其主题成了"新古典宏观经济学"或"真实商业周期理论"与"新凯恩斯宏观经济学"之争。凯恩斯并不是这些意见分歧的主导因素,但是他为这种争论建立了一个有高度影响力的先例,从而使经济学家更容易依据科学哲学家托马斯·库恩(Thomas Kuhn)在 20 世纪 60 年代所称的"相互竞争的范式"(competing paradigms)(立足于不同的世界观),来审视他们所研究的学科。

20 世纪 70 年代前的异见

在战后初期,由于凯恩斯思想的地位不断上升,重要性不断增强,更普遍地说,由于罗斯福"新政"的实施和二战的爆发,随之出现政府角色的扩大,自由主义者一直处于自我辩护的状态。在 20 世纪 40 年代初,哈耶克写道:

如果强调"我们现在都是社会主义者"不再流行，这也不过是因为这个事实太显而易见了。几乎没有任何人怀疑我们必须继续朝着社会主义的方向前进。（Hayek，1944，第3页）

这是（在第 8 章中谈到的）朝圣山学社成立的背景：哈耶克认为，自由主义者需要反对集体主义。然而，大多数朝圣山学社的经济学家成员是他们正在努力改变的那个职业人群的一部分（暂且不说哈耶克，他尽管也是一位经济学家，但在其思想与凯恩斯的《通论》相比黯然失色之后，转入了其他领域）。20 世纪 50 年代和 60 年代，斯蒂格勒和弗里德曼努力推动自由市场经济学和货币数量论（它成为货币主义的基础）时，他们是要设法改变经济学。他们利用传统的经济学理论论证道，那些支持国家干预经济的人并没有足够严谨地运用经济学。他们即使以新奇的方式来应用理论亦是高度正统的。

在这一时期，最具影响力的经济学家约翰·肯尼思·加尔布雷思（John Kenneth Galbraith）自称是持异见者，他是受哈耶克批判的各种社会主义倾向的范例。战争期间，在物价管理局工作时，他发挥了重要的作用，通过控制物价将美国按照计划经济体制进行管理。在《美国的资本主义》(*American Capitalism*，1952)、《丰裕社会》(*The Affluent Society*，1957)，和《新工业国》(*The New Industrial State*，1967) 等一系列著作中，他提出的美国资本主义社会的愿景与很多经济学家的构想截然相反。虽然，构成其理论的基本要素在很多方面都是很正统的。例如，他认为企业并没有使利润最大化,而仅仅是在追求反映他所称的"技术专家体制"(technostructure)目标,如销售最大化,他的这个观点与更为传统的经济学家们正在研究的企业管理理论是一致的。然而,他摒弃了技术性细节,更不用说数学建模了,取而代之的是选择了让自己的研究工作面向普通大众。他作为新闻记者的身份、他在民主党内的极高公众知名度,还有其著作在公众中的广受欢迎,均使他逐渐远离经济学界,而在这一行当,数学方法的运用变得越来越重要。其结果是,到了20世纪60年代,无论是他本人还是其他人,都越来越把他看成是一个持异见者。

包括马克思主义者在内的一些持异见者发现,日子之所以不好过,与其说是因为他们坚信非正统经济理论,毋宁说是因为有人可以拿他们涉嫌与共产党有联系为借口,迫使他们离开工作岗位。其他的一些目前被认为是持异见者的经济学家,在这个体系中则非常成功。然而,尽管后来被认为是非正统经济学家的剑桥凯恩斯主义者琼·罗宾逊(Joan Robinson)和尼古拉斯·卡尔多(Nicholas Kaldor)可能不赞同经济学界普遍认同的观点,但他们仍然在相同的期刊上发表文章,与更主流的同行如萨缪尔森、索洛和弗里德曼展开辩论。

改变这种情况、将激进的现状批评者凝聚在一起的是20世纪60年代中期越南战争的逐步升级。此外,已经有越来越多的人意识到,20年的经济增长未能消除贫困,人们也越来越意识到对少数族裔和妇女的普遍歧视。麦卡锡主义已不复存在,高等教育规模进一步扩大,与10年前相比学生们可以更自由地表达异见。

在经济学中,决定性的事件是美国经济学会对芝加哥警方处理 1968 年民主党大会示威者的回应。示威者试图将下一年的美国经济学会会议移出芝加哥，但是，与其他一些处境相同的社会科学组织不同，美国经济学会决定留下来。于是该学会发表了一份声明，表示留在芝加哥并不意味着支持所发生的事情。其结果是，在 1969 年，当美国经济学会正在芝加哥召开会议时，几百名抗议者参加了在费城举行的一个脱离原学会的会议，并加入了刚成立的"激进政治经济联盟"（Union for Radical Political Economy，简称 URPE）。激进政治经济联盟接受了很多马克思主义的思想，但其方法更加广泛，其典型特征是关注不平等、贫困、种族、歧视以及经济内部的权力结构等问题。它是一个激进的异见组织。

范式与"非正统"经济学的出现

总的来说，经济学家很少关注哲学。然而，如果不参阅科学哲学家和科学史学家托马斯·库恩的著作，可能就不会理解 20 世纪 70 年代经济学演变的方式。托马斯·库恩的《科学革命的结构》（*The Structure of Scientific Revolutions*，1962/1970）一书对"科学是在不断积累中取得进步因而得到发展的"这一人们普遍持有的观点发起了挑战。他指出，科学包含"常态科学"（normal science）阶段，在此时期，科学家的世界观是由占主导地位的"范式"（paradigm）形成的；此外还有其他时期，在此期间，异常现象引起质变。在常态科学这一阶段，科学的基本法则是毋庸置疑的——通常认为这些法则已经被牢固地建立起来——科学活动包括运用该范式去解决新问题，并对其加以拓展，然后解决出现的任何问题。最经典的例子是牛顿物理学。只有异想天开者

（或科幻小说作家）认为物体可能以快于光速的速度运动，或者永动机是可能存在的。

在任何常态科学时期，都会存在理论所不能解释的矛盾和现象。如果它们与无关紧要的事情相关联，可能就会被忽略掉。有时，异常现象会变得更加重要（如波的表观不相容性和光的微粒理论），但是由于这些异常现象最终将会得到解决，所以不管怎样，科学家都可以运用这些理论进行工作。然而，有时异常现象变得非常严重，迫使科学家重新思考这个范式。如果发生了这种情况，那么危机或许就会出现，而在危机中，科学家将开始寻找出路，有时会漫无目的，有时则求助于哲学，直到他们找到解决方法。新范式就是这样出现的——通过科学革命。

使不满现状的经济学家对库恩的理论感兴趣的是他的这一观点：当科学革命发生时，新旧范式是不能相互比较的。因为它们回答的不是同一个问题，所以或许不可能斩钉截铁地说一个比另一个更好。它们只是不同而已。在20世纪70年代中期由于经济学学科紧随石油价格冲击、生产率下降和滞胀之后似乎陷入困境，"经济学危机"之说广为流传。这距离经济学是否需要一个新范式的大讨论，只有一步之遥。

有一群经济学家，他们有意识地设法去构建经济学的新范式，后来被称为"后凯恩斯主义经济学"（Post-Keynesian economics）。两位年轻的美国经济学家在非常著名的《经济文献期刊》（*Journal of Economic Literature*，美国经济学会的文摘类杂志，受到其全体成员的欢迎）上刊载的一篇文章中，即《刍议后凯恩斯理论：经济学的新范式》（*An Essay on Post-Keynesian Theory：A New Paradigm in Economics*，Eichner and Kregel，

1975)，探讨了这个问题。该文的作者之一简·克雷格尔（Jan Kregel）在用不可比较的观点为新范式辩护时明确地表示：

> 看着一个抽象的图形，我或许能看到一只兔子的轮廓。其他人同样看着这个抽象的图形，或许认为它是一头大象。但是对于我来说，看见大象就意味着失去了看到兔子的机会；两者不能同时被看到。对于经济学理论而言，情况似乎也是如此……所以我要让你竭尽所能努力看到我的兔子……以后，如果你仍然更喜欢大象（或者转而发现了一只鸭子）那你就随意好了。（Kregel，1973，第4页）

新范式与旧范式包含有相同的构成要素，但是若不摒弃旧范式，就可能看不到由这些要素形成的新范式。

为上述观点进行的这场辩论活动，其重要意义不在于所代表的思想，而在于它所反映的事实：后凯恩斯主义者正在经济学界创建一个自觉的非正统学派。他们对于经济学界对待他们的方式大失所望，觉得他们不能使自己的论文被美国经济学会主办的会议所接受，也不能在主要杂志上刊载。他们得出的结论是必须创办自己的组织和杂志。后凯恩斯主义者与1968年组建了激进政治经济联盟的经济学家有着牢固而密切的关系，但却是一个未明确界定的学派。随着后凯恩斯主义学说不断演变，不同学派竞相争夺影响力，一些人试图定义什么是后凯恩斯主义经济学。对他们提出批评的一些更为正统的经济学家，例如诺贝尔奖得主罗伯特·索洛（Robert Solow），这位麻省理工学院的重要经济学家就注意到这种情况。

除了他们都反对同一件事情,即主流(无论它是什么),
之外,我看不出在一个叫海曼·明斯基(Hyman Minsky)的
人……与像阿尔弗雷德·艾希纳(Alfred Eichner)的某个人
之间,有什么需要动脑筋思考才能发现的联系……它[后凯
恩斯主义经济学]似乎主要是一个知道自己反对什么的共同
体,但是没有提供任何非常系统的、能被描述为实证理论的
东西。(Klamer,1984,第137—138页)

与之针锋相对,一些后凯恩斯主义者,例如杰弗里·哈考特
(Geoffrey Harcourt)认为这大有裨益,主张一种开放的多元化的
研究方法。

20世纪70年代出现的另一学派主张被称为"奥地利学派"
(Austrian)经济学的思想。在1974年召开的一次会议将一群经
济学家汇聚在一起,他们从奥地利学派的研究工作中发现了灵
感。奥地利学派的起源可以追溯到卡尔·门格尔,他是一位19
世纪晚期来自维也纳的经济学家。虽然这种经济学理论起源于
1930年代的奥地利,但是它的许多成员被迫离开奥地利,最后定
居于美国。

这些移居者大多数已与美国主流经济学派融为一体,即使他
们仍保留着独特的观点[突出的例子是约瑟夫·熊彼特(Joseph
Schumpeter),弗里茨·马克卢普(Fritz Machlup)和戈特弗里
德·哈伯勒(Gottfried Haberler)],但是有一些人反对20世
纪50年代开始出现的正统思想。哈耶克、路德维希·拉赫曼
(Ludwig Lachmann)和默里·罗斯巴德(Murray Rothbard)是这

场运动中最重要的人物。他们及其美国的追随者形成了从 20 世纪 70 年代开始出现的一个有组织的持异见者群体的核心。

奥地利学派在政治图谱中处于与后凯恩斯主义和激进政治经济联盟相对的另一个极端，但是他们具有共同的信念，即总体上说，他们的思想在同行中是不受欢迎的，他们需要组织起来才能够让自己的思想得到认可和发展。抱有这种观点的还有成立了公共选择学会（Public Choice Society）的团体和此时开始形成的其他团体。尽管公共选择学派的经济学家运用了许多正统技术（尤其是在建模时将行为主体视为效用最大化者），并成功在十年内使非市场决策分析进入了主流行列，但其他持异见的学派仍然被边缘化，即便将诺贝尔经济学奖授予哈耶克已经让奥地利学派变得更加重要。尽管非正统经济学学派相对于经济学界总的规模而言仍然是很小的一部分，但是他们存活了下来。他们的非正统身份和他们的主张，即拥护多元论，是将他们与所谓大一统的正统学派区分开来的特征，这两点对许多非正统经济学家来说都是十分重要的。1993 年经济学多元化学会国际联合会（International Confederation of Associations for Pluralism in Economics）和 1998 年非正统经济学会（Association of Heterodox Economics）的成立，就证明了这一点。后者把之前相互反对彼此观点的一些持异见者们聚集起来。走向多元化的这一举动，与第 1 章中所讨论的与"后自闭症经济学"运动相关的多元化诉求相呼应。

经济学中的正统学派与非正统学派

现代经济学中的非正统学派具有他们自认为根本不同于传统

的核心信念，其成员有意识地将自己描述为是在为经济学研究提供不同于主流方法的另一种途径。这些核心信念靠他们对其历史渊源的阐述来支撑。后凯恩斯学派讲述的是《通论》中的激进要素如何被希克斯、萨缪尔森和新古典综合派的构建者们所忽视或者中立的故事（见第 7 章）。具有独创性、更激进的凯恩斯主义理论因一小部分人的努力而仍然保持着活力，他们的思想形成了后凯恩斯主义经济学的基础。奥地利学派声称，奥地利学派经济学一直有别于主流经济学，其各个分支有着共同的起源，这可以追溯到门格尔。其他学派溯源到马克思、托斯丹·凡勃伦（Thorstein Veblen），或者在社会学中发掘其根源。这些说法有一定的合理性。然而，它们忽视了这些非正统观点的先觉者们曾经在当时的主流经济学思想框架内从事研究工作的投入程度。非正统学派，如其现有的状况那样，是由孤立于大多数经济学人之外的较小群体组成，是较为近期出现的一种现象，仅可追溯到 20 世纪 60 年代。

问题的另一个方面是，主流经济学内部有相当大的意见分歧，尤其是在经济学的不同研究领域不断涌现的时期更是如此。或许可以用英国的基督教新教做一个类比。除了未加入英国国教的非国教信徒（浸礼会教徒、公理会教徒、循道宗信徒、贵格会信徒等等）之外，国教内部也有彼此对立的派别。英国国教包括福音派、自由派和高教会派教徒，尽管他们的敌对情绪会周期性大发作，但仍然能设法继续留在国教中。因此，由 1986 年成立的经济科学学会（Economic Science Association）所代表的实验经济学是非传统的思想，但愈发归属于主流经济学的范畴。在不断增多的论述交易成本经济学（所谓的新制度经济学）的文献中，人们会发现新的假设，它们非常不同于标准教科书中所采用的那些假设。在麻省理工学院接受过教育的诺贝尔经济学奖得主约瑟夫·斯蒂格利茨在自己的职业生涯中往来于多所世界顶级大学的经济学系，肯定被认为是一位主流经济学家。然而他却理由充足地以对市场运行的主流观点持异见的形象示人。主流经济学的状况很容易被描绘为处于四分五裂，因为经济学的新研究方法在不断出现。

这两类异见的差别有两个方面。第一，非正统经济学家选择站在经济学主流学派之外，拒绝接受他们所批评的正统理论，而那些仍然留在主流学派内的经济学家却并非如此。第二，非正统经济学一般都处于所认为的合理分析的界限之外。但并非总是如此，因为经济学家可以选择说自己是非正统学派，即使是他们的工作性质并不需要他们这样做。通常被认为是正统经济学的那些思想，其范畴可能在变化，使其研究方法可能更加多元化，而且实际上正统经济学思想范畴的界限也非常模糊不清（这部分地反映着正在发生的变化），但是对可接受范围内的思想是有限制条件的。这些限制条件是由核心期刊的编辑和评审们设定的，因此没有任何明文的规定；可能也不能够对这些限制条件加以明文规定，因为确定这些条件的人们彼此间经常意见严重不一致。这些限制条件似乎很有可能是在20世纪70年代变得更加严格起来，因为正式的建模方法被应用于研究越来越多的现象，从而导致了本章所讨论的这些经济学学派的形成。

非正统经济学家时常从两个方面指责正统学派的同行。第一是忽视他们的研究工作就意味着忽视他们提出的那些对理解经济现象而言非常重要的深刻见解。第二是经济学界对经济学中应该使用的方法秉持过于狭隘的看法，它需要多元论，这是第 1 章中讨论的"后自闭症经济学"运动所提出的主张。对这两种观点的回应是，有关经济的"深刻见解"基本上没有什么用，除非经济学家还拥有可以应用这些深刻见解的工具。更为重要的是，在非正统经济学家看到的只是千篇一律的研究的情况下，可能有必要指出，主流经济学尤其是在近 10 年来已经更加开放地接纳关于去何处发现数据以及如何做应用研究的新观点。在主流经济学内部，研究结果不予支持的方法论主张受到极大怀疑。这并不意味着经济学不应该更为多元（相反，如第 7 章末所指出的那样，动态随机一般均衡模型的主导地位可能导致宏观经济学出现了诸多问题）。更确切地说，如果有关多元论的阐述起因于新的深刻见解和方法何以能够解决重要问题的实例，那么这种阐述就更有说服力。在第 10 章中，我们将论述到这样的工作要依靠无懈可击的正统学派的经济学家与那些自称是非正统学派的经济学家共同完成。

第三篇

评 价

在第二篇全部四章中，贯穿始终的是方法论问题。经济学的科学性意味着什么？或者换一种不同的方式来问这个问题，经济探究最好如何进行？已经成为众矢之的的抽象理论和复杂的统计方法是经济学家力图构建严谨、科学的经济学的结果。鉴于第一篇中所揭示的成败掺杂的现状，我们应该吸取什么经验教训呢？第10章并没有提出将会解决这些问题的新方法论，而是指出形式化的理论的价值不是在于提出世界必然如何运行的观点，而是在于不断地质疑我们对经济世界运行方式的假设是否合理。这在全盘怀疑经济理论及形式化的计量经济学方法，和不加批判全盘接受处于主导地位的正统经济学这两种立场之间提供了另一条道路。为此，本章从探究创造经济知识的不同途径入手，来进一步评述经济学的实质。

第 10 章 经济科学与经济学神话

获取经济知识的三种途径

经济学受到如此多批评的主要原因之一是，许多经济推理赖以成立的基础，可能被称之为常识最为恰当。这不仅因为经济学理论论及的是各种日常现象，如家庭、公司和市场，还因为经济学家所分析的许多机制也是司空见惯的日常经验。接受经济学训练的目的实在不应该就是为了弄懂某商品缺货可能会涨价，或者持有单个公司的股票比持有多元化投资组合风险更大之类的问题。技术化的经济学似乎经常是在把常识中的某些观点用公式重新表达，以及证明并不需要证明的东西（因为它显而易见），或者与现实脱节，因为经济学家须得弄出这些抽象的东西方可应用他们的形式化技术。所以"经济学家究竟知道些什么？"这一问题，实质上问及的是方法，即："可供经济学家使用的各种技术，是如何创建出超越常识运用的知识的？"

创建经济知识的一种显而易见的方法是创建统计数据。人人都知道牙膏、面包、草莓、手机合约和我们所消费的许多产品的价格，但若不经系统的分析，就不可能看到价格的整体变化情况。幸亏有政府统计工作人员，我们可以给通货膨胀率或物价水平赋予一个数值。确实存在一些度量指标，譬如零售价格指数（Retail Price Index，简称 RPI）、消费者物价指数（Consumer Price Index，简称 CPI）、国内生产总值平减指数（GDP deflator，将当年国内生产总值与按某一特定基期的价格计算出来的当年最终产品和服务的价值相比，所得到的价格指数），能够告诉我们什么是通胀。一些经济统计数据被描述为"自然"度量值，例如 2007 年欧盟生产钢材的吨数可以直接算出，就像说英国羊毛纺织品出口总值一样。这样的统计数据也许是政府正常活动的副产品，也许是作为税收的结果而获得的。

其他统计数据涉及更多实质性概念的输入，在这一过程中，经济学家发挥着重要的作用。像国民收入这样的一个概念可能听起来很简单，但要在作出一系列决定之后，比如什么收入要包括在内，以及如何计算这些收入等，才能得到它的结果。像国内生产总值（GDP）这样的一种量度是以经济运行理论为基础的一个统计系统的一部分。GDP 等西方量度指标与苏联所采用的量度指标的对比，就是一个很好的例子。两者对比，显然有所不同：苏联是以"物质产品"为中心，像银行或娱乐等服务的价值不计入在内。苏联的量度方法是以马克思主义经济学说为基础，而西方国家的是以凯恩斯理论为依据，结果就产生了不同的量度收入的方法。

然而，统计自身具有局限性。用统计方法量度各种经济数量是非常好的，但是为了理解经济中发生的情况，我们需要知道经济数量之间的关系——即起作用的因果机制。就在这里，我们找到了经济学家们之间产生分歧的核心问题。归纳法是一种逻辑思维方法。简单地说，归纳法要求在数据中寻找模式，然后设法解释这些模式的意义，这是一种"自下而上"（bottom-up）的推理方法。与其相对的是演绎法：我们从经济中起作用的因果机制假设入手，运用逻辑推理的方法，推导出这些假设会导致的后果。简言之，演绎法意味着我们构建一个经济理论。正如哲学家们所指出的，这些方法只不过是处于一个连续变化区间两个极端的理想化情形，在实践中两者都有根本的问题。归纳法也需要理论依据，最好是不证自明的理论，因为我们需要决定研究什么，忽略什么；相反地，演绎法也需要能够运用逻辑分析方法进行研究的素材。但不可否认的是，归纳法和演绎法这两个范畴都有助于对经济学家所用辩论方法的研究，在一个连续变化区间上标示出了经济学家所处的不同位置。

经济学家的传统观念是：理论要基于对个人行为方式的假定。家庭、企业、政府和其他组织都是由个人组成的，因此，如果能解释个人的行为，就一定能够解释组织的行为。如果把国家视为一个整体，这种观点就更为适用。正如第 6 章、第 7 章所述，最常见的个人行为假定就是在极为精确定义的意义上说人是理性的［这里的"理性"一词并不等同于日常用语中所说的"理性"（rationality）］。换言之，当面对选择时，人们会根据自己的偏好做出相应的选择。这就意味着，如果人们的偏好不改变，被观察到的行为将会始终如一，因此可以对人们在特定情况下将会表现出的普遍行为作出概括。研究者通过用数学方法将该理论公式化，用几套方程式或图表描述行为，就可能预测到，当所购商品价格变化时或购买者收入改变时，人们的选择会如何变化。有时运用数学会得出似乎是显而易见的结果（这可以视为是对理论正确性的一种证实）。但这有时会得出不用数学就难以推导出的、可能与直觉相反的结果。

这种方法有什么问题呢？最明显的问题就是人们可能并不是理性的，或者可以这样说，就算他们是理性的，目前也说不清楚理性意味着什么。以劳动市场为例，一些经济学家认为建立劳动力供给模型的唯一合理方法是将其视为竞争市场中理性选择的结果，这就意味着失业肯定是自愿的。其他的经济学家则认为非自愿失业是一种现实存在的现象，最好是做出一些看似更具体的假设，比如将工资不随失业而下降，作为描述劳动力市场如何运行的更好方法。这样的假定虽不能解释劳动力市场的问题，但如果这个假定足够好，它将使分析其他问题成为可能。

由于这是一个十分重要的观点，所以不妨再举两个例子深入思考一下。假设一位经济学家正在设法建构一个有关创新的理论，即有关公司如何分配资源做研发（R&D）投资的理论。这个模型可能要求建构者掌握公司每日如何定价的知识。然而，由于经济学家可能不够了解市场，故而不能说出合理的、可使利润最大化的价格应该是什么，于是就简单地假设价格就是平均生产成本的一部分。有关价格设定的这种假设很特别，因为它不是从理性行为推断而来，但却可能适合于分析研发支出问题。这种建立理论的方法最著名的例子或许就是凯恩斯。1936 年，他以假设为基础创立了失业理论，其假设是随着人们变得更富有，他们会将更大一部分收入储蓄起来。这并不与理性假设相矛盾，但却是一种基于直觉的经验总结。

这意味着能够以不同的方式探讨经济理论。建立纯理论的理由是由罗宾斯在 1932 年提出的（见第 6 章）。他认为一切经济理论都可能产生于这一假设，即资源是稀缺的，我们需要对如何使用这些资源做出选择。实际上，他认为这是一个非常基本的假设，定义了经济学是什么。与之相反的是，其他经济理论家们认为经济理论必须始于一系列假设，选其作为理论基础是为了反映公认的经济世界的重要特征，但还需要进行实证研究来确定解决不同问题应该采用的假设。罗宾斯所提倡的纯化论方法在实践中并不奏效，因为经济世界是复杂的，而且有太多东西是我们不理解的。

按照现在的理解，计量经济学是指运用正规统计方法对经济数据进行的分析。从定义来看，这种实证研究既用到数学，也受到计量经济学家善用的数学模型以及他们能得到的统计资料的限制。一般而言，这二者远远没有达到完美的程度。正如在经济理论研究中一样，进行计量经济学研究也有不同的工作方法，通常都是与不同类型数据的使用相关。有一种观点认为，计量经济学应该采用归纳法——计量经济学家的首要任务是提供一个由数据构成的经验模型，或者统计概述。与之对立的观点则认为，计量经济学家应该从某个经济理论入手，然后利用数据去检测这个理论是否符合要求，是否适用现实。就如在经济理论研究中那样，对严谨之重要性的看法也有许多不同，纯化论者的立场是认为使用实践上最优的统计技术很重要，虽然这意味着使用的经济模型比希望的更加简单。否则，任何结果都会出现问题。与之针锋相对的是这种观点：计量经济学家们必须尽可能地利用可得到的数据，而在数据有限的情况下，使用简单的技巧就足够了，只要时刻牢记必须谨慎使用这些得出的结果。使用严谨的统计方法永远不可能弥补模型存在的不足和信息的不可靠。

一些经济学家甚至完全拒绝接受计量经济学，而更偏爱以非正式的，换言之或许是在松散的经济理论指导下使用统计数据，而这种方法可见于很多历史解释中。这些解释论述详实，理由充分，但是却未用到数学论证中的逻辑严谨性。比如对 20 世纪 30 年代的经济大萧条，或者 1992 年英国被逐出欧洲汇率机制等历史现象的历史解释，在阐述过程中用到了统计数据，用到了当时政策制定者如何考虑这些事件的证据，也用到了基于具有可比性的早期事件的知识，以及人们如何形成期望及恐慌如何开始的信念等等。由此产生的事件全景图远比计量经济学家对发生事件的陈述要复杂得多，但这样的描绘并没有那么严谨。其他人开始求助于新型的证据，包括实验、大脑扫描和非经济环境中的行为研究。

在理想的世界里，这些方法会完美地整合在一起。用于解决特定问题的经济理论，可能是一个反映整体经济活动的较大模型中的一个组成部分，它可能依赖于前后完全一致的关乎经济体中所有个人行为的理论，也可能要用最先进的统计方法对之进行检验，经验模型可能会与所有能够获得的数据相符。然而，现实世界并非如此——真实世界过于复杂，一个单一理论无法包罗万象，而数据也极其有限。因此，经济学家必须以不同方式来解决问题，用不同方法在现实世界的混乱状况中开辟出一条道路。有时候，为了了解现实世界中可能发挥作用的机制，在不切实际的大胆假设的基础上运用高度抽象的模型是十分必要的。对于其他问题，为了与现实世界的实际状况保持更紧密的联系，不那么严谨的论述可能会更富有成效。这会创造出多种类型的知识：一种是理论命题，其中有一些从个人行为假设出发经严谨推理而获得，另外一些源自于那些对世界的一般描述；还有一种是经验命题，包括根据严谨的统计建模而产生的预测，以及对所观看到的图表做出的简单概括。与此同时，还有通过对世界的观察而得到的常识性知识，比如有关经济制度及其运行方式的知识，或者对显而易见的事物的观察所得到的知识，例如各家庭的收入和行为模式的悬殊差异。

检验经济理论

在自然科学中，科学定律通常要通过受控实验予以证实。比如，测定钢球从高塔坠落的时间，对气体加压然后测定其温度变化等等。然而，即使有诸多强有力的实验和观察方法可供自然科学家使用，但要在对任何一条科学理论进行检验后得出最终结论是异常困难的，因为在证据不适合的情况下，就无法确定是理论有错误还是检验过程有问题。与之相关的一个问题是，即使检验结果表明某个理论应该被摒弃，但也许它会成为建构新理论的最佳开端；某个理论或许不能成立，但它却成为某个研究项目必不可少的一个组成部分，所带来的成功希望大于其他理论。尽管哲学家试图将这个过程予以形式化的表达，但这实际上是基于充分的事实依据作出明智判断的问题，而这种判断不能被缩减为简单的决策规则。

在经济学中，还有另外一个问题，这就是对统计数据的质疑通常是使经济学家比自然科学家对实证结果抱有更多怀疑的主要原因。许多经济数据来源于为其他目的而获得的统计资料，并不能准确衡量出真正想要衡量的东西。以一个重要的经济概念——

利润为例。会计人员几乎要计算每个公司所赚取的利润。他们必须知道公司的利润是多少才能计算出公司的应纳税额；同时利润也为投资者提供公司业绩表现的信息。根据所处的具体情况，会计人员可能会出于某种动机将该数据最大化或最小化。无论在哪一种情况下，会计人员衡量利润的方式未必就是经济学家感兴趣的那一种。这也是经济学家试图去开发新的数据来源及收集方法的原因之一。然而，经济学家或许别无选择，只能借助会计人员收集来的统计数据进行判断，即使这些数据并未得到绝对正确的界定。这只是众多可能发生的事例中的一例。会计数据很少能反映出违法活动，但经济学家却希望数据中包括这类内容。经济学家也需要掌握虽然合法但无法正常记录在整套会计账目中的活动。

因此经济学家在对理论进行检验时，其结果通常具有不确定性。有时这是因为运用的数据不对，有时也可能是由于观察结果太少而无法准确评估模型而出现的问题，其原因或许是因为政府近期才编制某一地区的统计数据，或者因为某些定义已发生改变。例如，在1979—1990年撒切尔夫人执政期间，英国对失业的定义，即如何衡量失业，变动了8次，被划分为失业人口的数量减少了逾50万。大多数变化都出于实际的行政管理安排，而非对数据的蓄意篡改，但这也反映出在即使看似极其简单的数据之下存在的问题。当然，这可能是很极端的个例，但这类共性问题还是普遍存在的。而且，即使数据可靠并且衡量的是我们需要衡量的数值，理论也不足以精确到使任何单一的一次检测具备决定性。例如，即使有理论告诉我们随着收入的增长，消费的增长将接踵而至，但它却无法告知我们消费的增长在多久后会发生。

换言之，经济理论通常无法详细说明两者之间的"间隔"。这使理论检验难以为之。

不管怎样，即使统计方法可以无可争辩地证实在数据中能够发现某些特定关系，但人们不可能总是知道是否可以证明这些关系足够可靠，可用以构成理论推理的基础。比如，有很长一段时间，人们曾一度相信，在国民收入中，用以支付劳动报酬的比例很稳定，以至于有些经济学家认为它是一个常数。股本（建筑物、机械设备、车辆等的价值）与产出比率也是这样。一些经济学家将这些"常数"用作增长理论的出发点。其他经济学家则坚持认为，即使这些数值在过去一直保持稳定，也不能保证在经济情况发生变化时，它们仍保持不变。在经济情况发生变化时仍能继续发挥作用的任何一个理论必须以不会改变的变量关系为基础，对一些经济学家来说，这就意味着个人偏好和技术要保持不变。这就是第7章讨论稳定化政策时所提到的"卢卡斯批判"的基石。

经济学家不只是想要发现经济数据中的可靠模式，他们也想知道是什么原因导致什么事情发生。他们可以从何处获得与事发原因相关的证据呢？有一个好地方就是实验室，在这里，实验中的各因素可以得到控制。但是，社会科学实验存在种种问题，所以更具说服力的做法往往是观察现实世界的行为，比如在政府干预经济时，或某个冲击发生后，会出现什么情况。这意味着往往要绕过统计信息，去获取直接来自于常识的证据。尽管有人为造成的气候改变问题，但天气变化是外生冲击，这一点通常是很清楚的，所以如果夏季气温偏低导致歉收，我们知道此间的因果关系是天气影响到小麦产量，而不是小麦产量影响到天气。从另一方面，有可能得出的结论是，某些政策变化或许可被视为对经济系统的外生冲击，对经济变量产生因果影响。通过查阅联邦公开市场委员会（Federal Open Markets Committee）或英格兰银行货币政策委员会（Monetary Policy Committee，简称MPC）的会议纪要，或许可以发现其作出种种决策的原因，并且提供其因果关系的证据。

到目前为止，所做讨论的前提一直是：好的理论需要有对人们行为方式的精准假设，无论这些假设是建立在经验规律还是知识的基础上，抑或许是建立在对人们行为方式的内省的基础之上。针对于此，有人提出，假设不需要精准，因此试图用他们所提假设的现实性（参见第6章）来判断理论是没有意义的。理论的有用性在于它们能够产生预测，这才是检验理论的方式。一个强大理论的基础是数量很少的假设，但是尽管如此，它可以成功地预测各种各样的现象。许多经济学家认为供求理论很简单，并据此成功作出大量预测。该理论预测包括：如果对某一产品征税，其价格就会上涨，上涨幅度取决于供求状况；控制租金一般会导致出租房屋短缺；某些农产品价格的波动程度要比大多数制造业产品的大。因此，即使不能直接检验供求理论，却还是有大量的证据支持该理论，至少在某些情况下会如此。

对经济学的评判应该以其所作出的预测为标准，这一信念使一些经济学家以此为由向实验方法不能应用于社会科学这一由来已久的观念发起挑战，他们将亲眼目睹的一切视为从以人为研究对象的实验中所得到的确凿证据。像自然科学家和心理学家一样，经济学家也可以设立自己的实验室，他们可以在实验室里以人为研究对象进行实验（甚至用小白鼠和鸽子等进行针对非人类研究对象的实验,虽然这可能引起很多争议)。这种方法备受关注的原因之一是它可以揭示用经济理论无法预测出来的行为模式,而且有可能运用这种信息创造出"行为"经济学。其结果就是,如果行为与理性选择理论的预测不符,经济学家依然可以对其进行分析。

这种方法已经受到了比20年前更为广泛的认可,但是人们对一些实验所揭示的实验室之外的行为表现仍然存有怀疑。由于知道自己是在做游戏(即使要用到"真"钱),受试者在实验室里的行为表现很有可能不同于经济主体在现实世界中的行为方式。或许更为重要的是,尽管行为经济学家们发现了许多用理性选择无法解释的行为,尽管这些异常的行为可能很重要,但是他们对于应该如何将这些行为融入到经济模型之中并不总是十分清楚。

成功的经济理论必须经得住严格的审视。一般来说,它一定要与其他已被接受的理论相一致;能够解释无论是从对世界的直接观察还是从实验中得出的现有证据;并能够让科学家设计出可以产生该理论预测结果的新实验。理论成功的确切含义依语境而变化。在物理学中,理论的数学公式化及其与其他理论的关系是非常重要的。但这并不是绝对要求理论要彼此相一致,然而,如果情况并非如此(例如,光的波粒二象性理论),也会被认为是一个问题,或者至少是一个可以让人们开展进一步的研究工作从而产生新见解的谜题。产生的实验结果能够支持该理论而跟与之相竞争的理论相悖,从而将后者推翻,也是非常重要的。

爱丁顿(Eddington)检验爱因斯坦相对论的实验就是这样的一个例子,尽管对其实验结果的解释是否有道理一直受到质疑。

爱因斯坦的理论预测：地心引力将使光的路径发生弯曲，这是在牛顿的理论中不会出现的某种现象。检验这一理论，要在星星几乎位于太阳后方，即发生日蚀时，进行星星位置的测量（如若不然，将很难看到那些星星），以证明相对论的正确性。相比之下，医学上的成功意指治愈病患，或者说，至少减轻病痛，从而延长病人的生存时间并提高他们的生存质量。因此，知道药物为何起作用是非常重要的；这将有助于进一步的研究取得进展，更容易减少药物对人体产生的不良副作用。但这并不是必要之举，而且并不总是可行的。

这些问题在经济学中甚至更为普遍。正如在第 6 章和第 7 章中所阐述的那样，自 20 世纪 60 年代以来，经济理论的研究范围显著扩大，严谨性亦有极大提高，实证研究方法所达到的精细程度是半个世纪前所无法想象的。然而，现实世界的复杂性意味着这种研究方法具有诸多局限性，因此，正式的方法必须与非正式的方法结合起来。大部分经济理论需要的并不是机械地运用"纯正的"研究方法，而是将通过不同方法获得的结果汇集在一起，从而得出一个有说服力的结论，这不是因为这种逻辑令人信服，而是因为证据总体数量很大。鉴于经济学家自称清楚世界的复杂性，有必要这样"非正式地"利用一系列证据来支撑经济思想，而不是求诸决定性的、方法简单的测试。

经济学家所使用的经济学理论和各种实证方法显然具有局限性，因为凭借它们不能明确断定由形式化的模型得出的结论是否正确。这一问题使得许多经济学家们怀疑模型是否有助于我们理解现实，而这一怀疑已延伸至经济理论和计量经济学的研究工作。对于经济理论，许多人会附和如下的批评意见：

通常而言，经济学中使用的方法，要么包含对某一现有
理论的应用，而很少注意该理论和所研究的体系是否密切相
关，要么更糟的是，建议改变该体系使其能够与理论的那些
假设相一致。（Phillips，1962，第361页）

对于计量经济学而言，劳伦斯·萨默斯指出，基于简单的实
证研究而概括出的具有普遍性的规律远比正式的计量经济学研究
更具有影响力（尽管他本人就从事计量经济学的研究工作）。同
样地，有两位计量经济学家曾向《计量经济学期刊》（*Journal of
Econometrics*）的读者们发出盛邀"征集论文提名：有哪些文章
中的显著性检验曾明显改变经济学家们对某个经济命题的思考方
式"？（Keuzenkamp and Magnus，1995，第21页）。读者的回应寥
寥，让人对有些人经常宣称的经济学的成功表示怀疑。

从某种程度上说，这些批评者是正确的。不论所用数据的来
源如何，计量经济学研究所产生的精确系数，对经济理论几乎
没有持久的影响。随着世界发生变化，这些系数也会过时，这
意味着经济学家们谈不上是对精确数字感兴趣，而更多的是关注
产生的是正效应还是负效应，或者是显著有别于零效应。用精确
数值表示的定量关系在特定时间和地点甚是重要，然而更长远地
看，重要的是定性关系或近似的定量关系。但是在更重要的意义
上，他们都是错误的。尽管精确的系数可能并不重要，但计量经
济学的研究结果有助于大量证据的生成，进而引发经济学家改变
看法。20世纪70年代宏观经济学的发展（在第7章中有所讨论）
非常清晰地表明了这一点。经济学家多次尝试判断通货膨胀与失

业两者之间的关系（被称为"菲利普斯曲线"），虽然这些研究中的每一项都历时短暂，但这项工作产生的证据使经济学家接受了弗里德曼和菲尔普斯所论证的观点，即通货膨胀预期必须考虑在内。同样地，几乎没有几个经济学家如今还记得检验卢卡斯货币冲击周期理论的单项研究，但是在 20 世纪 80 年代初期，这一研究工作相当具有影响力，使经济学家转向真实商业周期（RBC）理论的研究。此外，在 20 世纪 90 年代，由于受实证研究结果的驱动，真实商业周期理论与新凯恩斯主义模型之间出现了趋同。

理论是获取知识的唯一途径吗？

获取经济知识的方式不尽相同。在上述讨论中，我们已经讨论了对证据的检验，但是也有人认为可以采用两种方式直接从经济理论中获取经济知识。第一种方式是把经济理论建立在显然确定知道的人类行为特征之上。人们偏爱一些东西胜过另一些东西；在所有可行的选择中，他们选择的一定是最偏爱的那一个——这样的假设几乎不需要论证。凭藉我们是人类，我们自然就知道这类情况。但或许有一些人对不同的事情没有偏好，但是他们经常被视为是不正常的。因此，如果我们能够基于这类假设构建理论，它们应该具有解释力，甚至能够提供因果性的解释，尽管为此我们可能需要对作出选择时所处的环境有更多地了解。

声称经济学家可以直接从理论中获得知识的第二个方式是运用有关理想化世界的理论展开研究工作，而这些理想化的世界并不是为了代表真实的世界。一般均衡理论就是这种情况的最明显的例子。提出这一理论的经济学家曾说过，如果有人认为它描述

的是真实的世界，那么他们就并不了解该理论。一般均衡理论的
经典陈述，即所谓的阿罗—德布鲁模型，所描述的是一个根本不
可能存在的世界。在阿罗—德布鲁模型所描述的世界里，货币没
有存在的理由，所有交易实际上在一开始就已经同时发生了。然
而这些经济学家会辩称该模型可以创造知识：例如，它表明市场
机制这只"看不见的手"若要完全发挥作用必须具备什么条件，
以及为何必须预先假定市场不能有效配置资源。

　　但是，如同检验经济理论的实证方法一样，这些验证经济理
论的方法亦有自身的问题。真实情况可能是这样：人们都有自己
的偏好，并据此做出选择，但是，这并不意味着他们是理性的。
此外，为了获得研究成果，必须对做决策时所处的环境进一步作
出假设。其危险在于，尽管经济学家可能是根据选择的逻辑——
也就是说，基于不证自明地与真实情况相符的假设——提出了某
个理论，但是其他应该经过质疑或依据证据加以验证的假设也可
能会被悄悄地带了进来。从理想世界的模型得到的"负面"结果
亦是如此。因此，检验经济理论的必要性这个问题没有任何捷径
可言。

如何使用经济模型

　　由于获取经济学知识的方式有如此之多，亦各不相同，而
所有方式既有所贡献，亦有其局限，所以由建模得到的无论是
理论结果还是实证结果，总是需要补充一些基于充分的事实依
据而作出的明智判断，而对如何做出这些判断并没有任何明确
规则可循。可以严谨地表述出来的理论是存在局限的。这为批

评者完全敞开了大门，让他们能够关注到形式化的方法，但他们却没有给予这些表述经常不够清楚的非形式化程序足够的关注，然而形式化的模型却要通过这些程序方可加以运用。因此在第9章中论及了许多非正统经济学家直接拒绝使用形式化模型。评估各种经济学知识的非形式化程序，往往会受到忽视。情况还因为下面这一点而雪上加霜：由于显而易见的原因，经济学的训练强调的是该学科的技术层面。学习者学到的是如何建构和操作经济理论及计量经济学中的形式化模型，但使用这些模型的程序没有得到充分、清楚的解释。学生不是通过教学掌握一套规则，而是必须通过观察和研究成功实践者立下的先例来学习这些程序。

经济学知识不因运用了形式化方法就如机械生产一般不可阻挡地产生出来，它需要运用非形式化的方法，在证据和判断力的运用之间寻求平衡——这一观点是第2章至第5章阐述经济学作用时所列举的实例中反复出现的主题。在一例又一例的事例中，模型只为决策提供依据而不是掌控决策。这自然会引出建模有何作用这个问题。难道不使用模型，仅依靠常识推理就不可能吗？

英格兰银行（Bank of England，1999，第30页）在解释其如何使用经济模型的一份文件中谈到了这个问题。

为什么要颇费周折使用模型呢？凭借以往有关经济是如何运转的经验教训，以及对当前经济发展状况进行的观察，难道不可以作为政策判断的基础吗？这确实应该是政策判断的基础，但是若不借助于模型，做出这些政策判断将是异常因难的, 而不是简单的……选用合适的模型, 关注那些经判断对理解经济问题而言最基本的因素, 可以使经济问题得到简化和澄清。至关重要的是, 模型也是对经济过去通常的运行状况, 以及当前和未来运行状况发生变化的程度, 进行实证定量研究的框架。由于这些普遍但实际的原因, 制定货币政策需要使用经济模型。

大型计量经济预测模型对英格兰银行的通货膨胀预测极为重要, 但是也需要由其他模型作为补充, 其中有一些基于经济学理论, 另一些纯统计模型则是基于从数据中挖掘出来的模式。这些相对简单的模型用于检查主模型得出的结果, 协助预测需要放入主模型的变量, 比如世界经济趋势, 还协助解决主模型顾及不到的问题。在这个多元化的"成套模型"研究方法中, 判断力发挥着重要作用, 英格兰银行用下面的流程图 (Bank of England, 1999, 第7页) 对此进行了说明。不仅政策决策 (诸如利率变化或向经济注入更多资金的决策) 要同时依赖判断力和预测, 而且这些预测本身也体现出判断力和模型输出的作用。同时有其他模型也为预测者和政策制定者的判断提供信息支持。

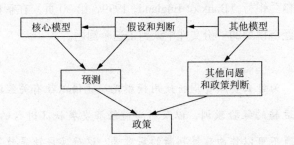

在其他情形下的模型运用也大同小异, 尽管相关阐述很少如

此详尽。3G 电信频谱拍卖的设计就是由拍卖理论和实验结果共同带来的成果（第 2 章）。而在俄罗斯转轨（第 3 章）和全球化政策问题（第 4 章）中，理论所发挥的作用则较为有限，因为这两个问题涉及到更加广泛领域的议题。

当然，对方法论的这些论证并不能证明经济学家已取得成功，即便他们已经意识到机械运用由理论或实证得到的经济学知识时可能产生的危险。正如第 2 章到第 5 章所阐述的那样，经济学的成功与否要看将经济学付诸实践时所产生的实际效果才能决定。从中得出的结论是：经济学已经证明，在所研究的问题得到足够具体的界定，或目的非常明确，又或是有可能改变环境使之与经济理论的假设相一致的情况下，经济学作用非常强大。在某些情况下，相信经济理论就其本身而言就足以使行为发生改变，于是乎该理论就产生了作用。另一方面，在经济思想应用于更复杂的情况时，有证据证明，按照某些标准来看，经济学通常由于疏于考虑不符合理性人竞争市场范式的行为维度而遭遇失败。因此，尽管欧美有可能建立新兴金融市场运行所必需的制度，但在俄罗斯，政局的失控，再加上转轨任务的复杂性，意味着向资本主义过渡所必需的新制度没有足够快速或有效地建立起来，因而过渡未能顺利进行。这大概是由于，经济理论很可能分散了人们对所需变革的注意力。

消除经济学论述中的神话

建模得出的任何结果都有其局限性，需要基于事实的判断力对其加以补充，而后者是精确的规则无法提供的。这就为意识形态大开方便之门。但似乎令人难以置信的是,在第二次世界大战后紧接下来几十年间的计划经济热潮中,或最近的市场解决方案热潮中,意识形态并未发挥作用。然而,避免意识形态指责,关注关于经济的神话,可能会更富有成效。在此使用"神话"(myth)这个词并不是为了表示某些谬见;恰好相反,它表示的是一种深信不疑的信念,或者对世界的直观看法,这种看法可能为真,也可能不为真。从这个角度来看,如果我们说,在必须对模棱两可的证据作出判断时,经济学家将会像其他任何人一样受到"神话"的影响,这几乎是不会引起什么争议的。

当今的世界已经深度商业化,又经历了计划经济的崩溃,还有无处不在、宣传自由市场讯息的媒体。因此,无论是在当代社会,还是在经济学学术领域,主导的神话观念都是:竞争市场和低效、腐败的政府。经济学家十分清楚地意识到,这些观念都不是普遍真理,但支持这类神话的新思想比质疑它们的思想更受欢迎。不过,情况并不总是这样:在经济大萧条之后,人们普遍认为市场已经失灵,必须通过国家规划才能解决社会问题。然而,20 世纪 70 年代连续冲击二战后社会民主共识的动荡,还有罗纳德·里根和玛格丽特·撒切尔时期主宰公共话语的那一代思想家对集体主义的抨击,推动了私人经济活动比公共经济活动更有效这一神话的进一步发展。而世界社会主义出现的严重曲折再次强化了这一观念。

有人指出,2007—2008 年金融危机这场引人注目的事件可能已经开始削弱人们对上述神话的相信程度。2008 年 10 月 23 日,一位国会委员问艾伦·格林斯潘:"您有没有发现您的世界,您的意识形态,出现了问题? 有没有发现它不再管用了?"他回答道:

当然，确实如此。你知道，这正是我感到震惊的原因，因为这 40 多年来，我所接触的大量证据都表明它非常卓有成效。（Mason，2009，第 118 页）

请注意，格林斯潘既承认了他的职位就是一种意识形态，也承认有大量证据对该意识形态予以支持——不是说他持有的观点是由意识形态决定而与相关证据相悖，这两者是相互强化的。

另一位相信自由市场力量的学者，法经济分析领域的领军人物理查德·波斯纳（Richard Posner），对金融危机有类似的描述："我们可能离金融危机太近，所以体会不到其严重程度。"

有些保守派人士认为，经济萧条是政府不智之策的结果。但我认为它是市场失灵的表现。诚然，政府的缺乏远见、被动迟钝，以及决策失误，在经济从衰退快速陷入萧条的过程中起着至关重要的作用……但是，若无政府管制，我们很可能仍然处于萧条之中。我们要从中吸取的教训是：我们需要的是一个更加积极、更有智慧的政府，以防止我们的资本主义经济模式偏离正轨。放松管制的举动，夸大了自由资本主义的韧性——自我修复能力，有些做过了头。（Posner，2009，第 vii 页、第 xii 页）"

这里隐含的意思是，有些思想根深蒂固，需要通过重大事件才能加以改变。2007—2008 年的危机是否像 20 世纪 30 年代经济大萧条那样会造成巨大创伤，足以影响经济思维，在笔者行文至此的 2010 年尚需拭目以待。

偏爱"神话"一词的另一个原因是，根深蒂固的思想可能既因其对学界的吸引力也因其对政界的影响力而得以发展。实际上，这二者可能是很难区分开来的。如果我们接受依据个人偏好所做出的解释具有解释力，接受每个人都是理性的，接受社会是由具有理性的个人组成，那么就可以轻而易举地论证，解释经济现象就是依据理性选择来对之作出解释。这种观点可能很容易导致强调经济理论而轻视经验证据，对建立在不同基础之上的其他理论则会不屑一顾。严格检验经济理论会遇到重重困难，这就使理性选择经济学更加难以抗拒（请与第 7 章末引用的威廉·比特的阐述作比较）。

倘若将理性经济人假说运用到极致，可以得出这样的结论：我们现有世界是可能有的最好的世界，否则就会有人采取行动来改变它。这一观点对意识形态具有潜在的影响。由于它极具争议，因此有一点值得指出：这样一个观点是由自称保守派、具有重大影响力的芝加哥学派经济学家乔治·斯蒂格勒表达出来的（参阅第 8 章"经济理论与意识形态"一节）。斯蒂格勒认为：即使"经济学作为一门实证科学，在伦理上，因此也在政治上，是中立的"，

> 然而从事专业的经济学研究，会让人在政治上倾向于保守。我所谓的"保守"是指：希望大多数经济活动都由私营企业来搞；认为需要抑制私有权力的滥用；认为要通过竞争来激发劳动效率、促进经济发展。（Stigler, 1959, 第 522 页、第 524 页）

这句话可以理解为是说，只要习得了专业经济学家的智识价值观（看重以相互竞争的理性经济人的精确假设为基础的严谨理论），一个人就会得出青睐自由市场的结论。如果这些假设是正确的，那么由此产生的理论就能经得住严格的实证检验，这是在经济学家训练中反复灌输的另一个智识价值观。斯蒂格勒很可能说过，为成为经济学家而接受的训练会让一个人变成一个保守派，"因为那是应该的"。于是乎，不认同他的政治观点的一些人对正统的经济分析也不感冒，也许就不足为奇了。

但是，有一点斯蒂格勒没有考虑到，那就是作为经济学家所接受的训练可以促使一个人无端地对自由市场抱有信心。理性选择完全竞争这一世界观具有巧妙性、简洁性和权威性，可能诱使经济学家对自由市场资本主义不能进行有效的批判。经济学家已经发现可能使市场失灵的诸多原因，但是这些仍是不可登大雅之堂的特例，由此一来就只能采用实际的方法，制定一种因挑战主流经济学神话而一直处于守势的政策。这正是许多批评家所说的情况：在2007—2008年金融危机前后，这些批评家就在论证，经济学家所提出的以理性经济人世界为中心的理论，应该对未能预见即将到来的危机负有责任。

若此观点得到接受，那随之而来的是什么？最后的一篇评论文章，提出了一种看法：

> 一旦尘埃落定，就有充足的理由去探究经济学教学是否已被人数不多但很危险的某个流派所攻陷。（Larry Elliott，

Guardian，2009 年 8 月 31 日）

　　姑且不提那些显然关乎学术自由的问题，上述这番话正是许多非正统经济学家对这个问题的回答。他们认为，经济学已经被很小的某个群体所控制，至少在起初是如此。借助第 8 章的内容，我们可以把话说得更明白些：可将这个小团体认定为朝圣山学社或芝加哥大学。这种观点将成为支持下面这种主张的理由：经济学专业的制度需要加以改变，以鼓励更大程度的多元化，使诸如第 9 章所考虑到的那些非正统经济学家能够发出更大的声音，让更多的人能够听得见。

　　这种反应存在一个问题：它忽视了基于理性选择的理论论证被如此广为接受的原因。它并不是由一个有着坚定意识形态信念的小群体强加于经济学专业的。它之所以被接受是因为它提供了强效、严谨和看似科学的方法，而且这些方法在解决经济问题上获得了成功。采用这些方法的经济学家们抱有各种不同的政治观点，其中有许多人试图改善政府干预经济的方法，但并不是要反对政府应该干预经济的这一观点本身。在应对 20 世纪 70 年代的宏观经济动荡，以及在 20 世纪 80 年代和 90 年代的"市场再造"过程中，都有许多相当成功的记录。

　　但是，有更深层次的原因会使经济学不会一直延着这条道路走下去，或者说至少不会走得太远。对理性行为主体和竞争性市场神话最有力的挑战，来自处于经济学界核心地位的经济学家们，其中包括乔治·阿克洛夫、肯尼思·阿罗、保罗·克鲁格曼、保罗·萨缪尔逊、罗伯特·希勒和约瑟夫·斯蒂格利茨等。他们的研究工作对保守的结论（如斯蒂格勒所定义的那样）所依赖的假设提出了挑战。尽管理性假设在直觉上很有吸引力，但无疑同样显而易见的是：我们没有掌握全部信息；有些人比其他人知道的多一些；有些行为人可以决定买卖商品和服务的价格；人们受到时尚影响；某个人的行动可能直接影响到其他人；有时候无法对一件商品收费。这些经济学家们所做的研究旨在说明，这种"显而易见的"假设不只是小小的理论问题——它们从根本上改变了市场的运行方式。

这一观点使经济学变得更加复杂，因为有必要根据各个具体情况来探究市场如何运作，以及可能采取的救市方案如何发挥作用。其结果是实证研究成为热点，而且由于所涉问题的纷繁复杂，必须非常认真地对待这种实证研究。这一观点逐渐削弱了莱昂内尔·罗宾斯提出的经济学构想，在其构想中，经济命题是资源的稀缺性这一事实带来的逻辑后果，这一构想意味着实证研究的作用微不足道。这一观点可能也解释了主流宏观经济学理论最近遭遇的诸多问题。主流宏观经济学理论所涉及的数学计算可能很复杂，但其基础是高度抽象但概念却相当简单的模型。

对不够好的经济学理论的合理回应，并非是放弃使其更加严谨的尝试。正是由于阿克洛夫或斯蒂格利茨等经济学家提出了市场如何运作的抽象理论，他们才能发现根据常识对金融市场如何运行所形成的看法是错误的。问题的出现并非因为经济学家们没有对现状提出质疑，而在于没有人倾听这些经济学家的质疑。这正是非正统经济学家的境遇，尽管他们很可能提出了最终变得很重要的思想，但他们却经常不能提出可以展示这些思想的实用性的分析工具。同样地，正是因为凯恩斯在70多年前沉浸于学术理论研究,他才能够在大萧条冲击的背景下,逐渐打破了当时盛行的神话,即经济体具有通过市场自我调节作用达到充分就业的趋势。为了分析,有时也为了打破作为常识世界观基础的这些神话,我们既需要经济学理论,也需要严谨的实证研究,换言之我们需要经济科学。

文献注释

我们在行文中，一直保持引用信息最少化。这里借助下列注释对这些参考文献给予补充说明。有几章，尽管是全新的，但还是采用了我此前著述中的一些素材，在这里一并列出，从中还可以看到更详细的参考文献。

第1章　导言

对研究生的调查和美国经济学会的研究生教育现状报告可见 Colander 和 Klamer（1987，1990）、Colander（1998，2005）和 Krueger（1991）。关于经济学的不同见解请参见正文中引用的参考文献。与心理学的比较采用了 Backhouse 和 Fontaine（2010）的研究成果。

第2章　创建新市场

对美国酸雨控制计划的论述基于 Ellerman 等人（2000）和 Oates（1992）的研究成果；英国 3G 电信拍卖基于参与者的描述，其中包括 Binmore 和 Klemperer（2002）以及 Klemperer（1999，2002a，2002b），然而对其所作的解读未必是他们对事件的理解。本章还不同程度地参考了 McAfee 和 McAfee（1996）、McMillan（1994）、Milgrom（2004）、Nik Khah（2008），以及 Thaler（1994）等人讲述其他国家的拍卖情况和其他拍卖理论的著述。

第 3 章　创建市场经济

　　本章引用的参考文献包括 Aslund（1991，1992a，1992b，1995）、Aslund 和 Layard（1993）、Freeland（2000）、Hanson（2002）、Milanovic（1998）和 Wedel（1998）。Wedel 的研究成果对想了解西方经济学所发挥的作用的读者大有裨益。

第 4 章　全球化与福利

　　经济学家对全球化与福利相关问题的研究文献视角广阔，参见 Bhagwati（2002，2004）、Chang（2002）、Dehesa（2006）、Easterley（2002）、Milanovic（1998，2002）、Panic（2003）、Stiglitz（2002）。本章论述尤其受到 Wade 和 Wolf（2002）及 Wade（2004）相关著述的影响。有关不平等问题请见 Atkinson（1995）。

第 5 章　货币与金融

　　对金融市场发展情况的绝好记述不计其数，有一些写于"次贷危机"之前，其他的完成于其后。在准备撰写本章时，采用的材料包括 Akerlof 和 Shiller（2009）、Fox（2009）、Harrison（1998）、McKenzie（2006）、Mehrling（2005）、Posner（2009）、Shiller（2003）、Stiglitz（2002，2003）和 Tett（2009）的著述。Backhouse（2009）提出了有关表演性这一观念的一些问题，这些问题是 McKenzie 研究工作的基础。

第 6 章　创建"科学的"经济学

　　本章概述了经济理论的发展历程，有关论述来自 Backhouse（1998，2002，2008，2010b），以及对科学方法的阐述。Weintraub（1998）和 Rutherford（1999）对科学的看法所发生的转变进行了最佳的论述。经济学定义的变化及其影响在 Backhouse 和 Medema（2009a, 2009b, 2009c）中给予了论述。关于公共选择理论的起源见 Medema（2000）。有关经济学家对市场看法的改变，Medema（2009）做出了极有价值的论述。

第 7 章　探寻严谨的宏观经济学

对宏观经济学的总体描述参阅 Backhouse（2002, 2008, 2010b）。有关凯恩斯和凯恩斯经济学请见 Backhouse 和 Bateman（2006）、Backhouse 和 Laidler（2004），及 Backhouse（1997, 2010a）。

第 8 章　科学与意识形态

本章基于 Backhouse（2005, 2009）。有关经济学的经费问题见 Crowther-Heyck（2006）和 Goodwin（1998）。亦参见 Khurana（2007）和 Fourcade（2009）。

第 9 章　非正统学说和意见分歧

本章采用了 Backhouse（2000）相关文稿内容，也反映出 Coats（2001）、Lee（2009）、Mata（2009）随后发表的相关阅读材料。

第 10 章　经济科学与经济神话

本章主要观点来自 Hoover（2001）和 Backhouse（2007）的相关论述，也吸纳了 Backhouse 和 Durlauf（2009）发表的观点。

参考文献

Akerlof, G. A. 1970. The market for lemons: quality uncertainty and the market mechanism. *Quarterly Journal of Economics* 84(3):488–500.

Akerlof, G. A. and R. Shiller. 2009. *Animal Spirits*. Princeton, NJ: Princeton University Press.

Amadae, S. 2003. *Rationalizing Capitalist Democracy*. Chicago, IL: University of Chicago Press.

Arrow, K. J. 1951. *Social Choice and Individual Values*. New York: Wiley.

Arrow, K. J. and Debreu, G. 1954. Existence of equilibrium for a competitive economy. *Econometrica* 22(4):481–92.

Åslund, A. 1991. Principles of privatization. In *Systemic Change and Stabilization in Eastern Europe*. L. Csaba (ed.). Aldershot: Dartmouth.

1992a. *Post-Communist Economic Revolutions: How Big a Bang?* Washington, DC: Center for Strategic and International Studies.

1992b. *The Post-Soviet Economy: Soviet and Western Perspectives*. New York: St Martin's Press.

1995. *How Russia Became a Market Economy*. Washington, DC: Brookings Institution.

Åslund, A. and R. Layard 1993. *Changing the Economic System in Russia*. New York: St Martin's Press.

Atkinson, A. B. 1995. *Incomes and the Welfare State: Essays on Britain and Europe*. Cambridge: Cambridge University Press.

Backhouse, R. E. 1997. The rhetoric and methodology of modern macroeconomics. In B. Snowdon and H. Vane (eds.) *Reflections on the Development of Modern Macroeconomics*. Cheltenham: Edward Elgar.

1998. The transformation of US economies, 1920–1960, viewed through a survey of journal articles. In *From Interwar Pluralism to Postwar Neoclassicism*, eds. M. S. Morgan and M. Rutherford, 85–107. Durham, NC: Duke University Press. (Annual Supplement to History of Political Economy 30).

2000. Progress in heterodox economics. *Journal of the History of Economic Thought* 22(2):149–56.

2002. *The Penguin History of Economics*. London: Penguin Books. Published in North America as *The Ordinary Business of Life: A History of Economics from the*

Ancient World to the Twenty-First Century. Princeton, NJ: Princeton University Press.

2005. The rise of free-market economics since 1945. In *Economists and the Role of Government*, eds. P. Boettke and S. G. Medema, 347–84. Durham, N.C.: Duke University Press. (Annual Supplement to *History of Political Economy* 37).

2007. Representation in economics: introduction. In *Measurement in Economics: A Handbook*, ed. M. Boumans, 135–52. London: Academic Press.

2008. Economics in the United States, 1945 to the present. In *New Palgrave Dictionary of Economics*. 2nd ed., eds. L. Blume and S. Durlauf, 522–33. London: Palgrave.

2009a. Review of MacKenzie (2006). *Economics and Philosophy* 25:99–106.

2009b. Economists and the rise of neo-liberalism. *Renewal* 17(4):17–25.

2010a. An abstruse and mathematical argument: the use of mathematical reasoning in the General Theory. In *The Return of Keynes: Keynes and Keynesian Policies in the New Millennium*, eds. B. W. Bateman, C. Marcuzzo and T. Hirai. Cambridge, MA: Harvard University Press.

2010b. Economics. In *The History of the Social Sciences since 1945*, eds., R. E. Backhouse and P. Fontaine. Cambridge: Cambridge University Press.

Backhouse, R. E. and Bateman, B. W. 2006. *The Cambridge Companion to Keynes*. Cambridge: Cambridge University Press.

Backhouse, R. E., and Laidler, D. E. W. 2004. What was lost with ISLM. History of Political Economy 36(Supplement):25-56. In *The IS-LM Model: Its Rise, Fall and Strange Persistence I*, eds. M. de Vroey and K. D. Hoover. Durham, NC: Duke University Press.

Backhouse, R. E. and S. N. Durlauf. 2009. Robbins on economic generalizations and reality in the light of modern econometrics. *Economica* 76:873–90.

Backhouse, R. E. and S. G. Medema. 2009a. On the definition of economics. *Journal of Economic Perspectives* 23 (1):221–33.

2009b. Defining economics: the long road to acceptance of the Robbins definition. *Economica*. Online at http://www3.interscience.wiley.com/journal/120120192/issue.

2009c. Robbins's essay and the axiomatization of economics. *Journal of the History of Economic Thought* 31(4):57-67.

Backhouse, R. E. and R. Middleton, eds. 2000. *Exemplary Economists*. 2 vols. Cheltenham: Edward Elgar.

Bank of England. 1999. *Economic Modelling at the Bank of England*. http://www.bankofengland.co.uk/publications/other/beqm/modcobook.htm.

Bernanke, B. S. 1981. Bankruptcy, liquidity and recession. *American Economic Review* 71(2):155-9.

2004. The great moderation. Online at http://www.federalreserve.gov/Boarddocs/Speeches/2004/20040220/default.htm.

Bernstein, M. 2001. *A Perilous Progress: Economics and the Public Purpose in Twentieth-Century America*. Princeton, NJ: Princeton University Press.

Bhagwati, J. 2002. *The Wind of the Hundred Days: How Washington Mismanaged Globalization*. Cambridge, MA: MIT Press.

2004. *In Praise of Globalization*. Oxford: Oxford University Press.

Binmore, K. and P. Klemperer (2002). The biggest auction ever: the sale of British 3G telecom licences. *Economic Journal* 112(478): C74-C96.

Burns, A. and W. C. Mitchell. 1945. *Measuring Business Cycles.* New York: NBER.

Chang, H.-J. 2002. *Kicking Away the Ladder: Development Strategy in Historical Perspective.* London: Anthem Press.

Coats, A. W. B. 2001. The AEA and the radical challenge to American social science. *Economics Broadly Considered: Essays in Honor of Warren J. Samuels.* eds. J. E. Biddle, J. B. Davis and S. G. Medema. London: Routledge: 144-58.

Cockett, R. (1994) *Thinking the Unthinkable: Think Tanks and the Economic Counter-Revolution, 1931-1983.* London: Harper Collins.

Colander, D. 1998. The sounds of silence: the profession's response to the COGEE report. *American Journal of Agricultural Economics* 80(3):600-7.

⸻ 2005. The making of an economist redux. *Journal of Economic Perspectives* 19(1):175-98.

Colander, D. and A. Klamer. 1987. The making of an economist. *Journal of Economic Perspectives* 1(4):95-111.

⸻ 1990. *The Making of an Economist.* Boulder, CO: Westview Press.

Coyle, D. 2004. *Sex, Drugs and Economics.* London: Texere Publishing.

⸻ 2007. *The Soulful Science.* Princeton, NJ: Princeton University Press.

Crowther-Heyck, H. 2006. Patrons of the revolution: ideals and institutions in postwar behavioral science. *Isis* 97(3):420-46.

Dehesa, G. de la. 2006. *Winners and Losers in Globalization.* Oxford: Blackwell.

Easterley, W. 2002. *The Elusive Quest for Growth: Economists' Adventures and Misadventures in the Tropics.* Cambridge: MA: MIT Press.

Edwards, L. 1997. *The Power of Ideas: The Heritage Foundation at 25 Years.* Ottawa, IL: Jameson Books.

Eichner, A. and J. A. Kregel. 1975. An essay on post-Keynesian economics: a new paradigm in economics. *Journal of Economic Literature* 13(4):1294-314.

Ellerman, A. D., P. L. Joskow, et al. 2000. *Markets for Clean Air: The US Acid Rain Program.* Cambridge: Cambridge University Press.

Fox, J. 2009. *The Myth of the Rational Market.* New York: Harper Collins.

Frank, R. 2008. *The Economic Naturalist: Why Economics Explains Almost Everything.*

Fourcade, M. 2009. *Economists and Societies: Discipline and Profession in the United States, Britain and France, 1890s to 1990s.* Princeton, NJ: Princeton University Press.

Freeland, C. 2000. *Sale of the Century: The Inside Story of the Second Russian Revolution.* London: Little, Brown.

Friedman, M. 1953. The methodology of positive economics. In *Essays in Positive Economics,* ed. M. Friedman. Chicago: Chicago University Press.

⸻ 1956. The quantity theory of money: a restatement. In *Studies in the Quantity Theory of Money,* ed. M. Friedman. Chicago: University of Chicago Press.

⸻ 1968. The role of monetary policy. *American Economic Review* 58(1):1-17.

Friedman, M. and R. Friedman. 1979. *Free to Choose: A Personal Statement.* New York: Harcourt Brace.

Friedman, M., and A. J. Schwartz. 1963. *A Monetary History of the United States, 1861-1960*. Princeton, NJ: Princeton University Press.

Frost, G. 2002. *Anthony Fisher: Champion of Liberty*. London: Profile Books.

Fulbrook, E. (ed.) 2004. *A Guide to What's Wrong with Economics*. London: Anthem Press.

Galbraith, J. K. 1952. *American Capitalism: The Concept of Countervailing Power*. London: Penguin Books.

———. 1957. *The Affluent Society*. London: Penguin Books.

———. 1967. *The New Industrial State*. London: Penguin Books.

Goodwin, C. D. W. 1998. The patrons of economics in a time of transformation. In *From Interwar Pluralism to Postwar Neoclassicism*, eds. M. S. Morgan and M. Rutherford, 53–81. Durham, NC: Duke University Press. (Annual Supplement to History of Political Economy 30).

Hanson, P. 2002. Barriers to long-run growth in Russia. *Economy and Society* 31(1):62–84.

Harford, T. 2008. *The Logic of Life: The New Economics of Everything*. London: Abacus.

Harrison, P. 1998. A history of intellectual arbitrage: the evolution of financial economics. *History of Political Economy* 19 (Supplement: New Economics and Its History): 172–87.

Hayek, F. A. 1944. *The Road to Serfdom*. London: Routledge and Kegan Paul.

Hendry, D. F. and M. S. Morgan, eds. 1995. *The Foundations of Econometric Analysis*. Cambridge: Cambridge University Press.

Hoover, K. D. 2001. *The Methodology of Empirical Macroeconomics*. Cambridge: Cambridge University Press.

IMF, World Bank, et al. 1990. *The Economy of the USSR*. Washington, DC: World Bank.

Kay, J. 2004. *Everlasting Light Bulbs: How Economics Illuminates the World*. London: Erasmus Press.

Keuzenkamp, H. A., and J. Magnus. 1995. On Tests and Significance in Econometrics. *Journal of Econometrics* 67(1):103–28.

Keynes, J. M. 1936. *The General Theory of Employment, Interest and Money*. London: Macmillan.

Khurana, R. 2007. *From Higher Aims to Hired Hands: The Social Tranformation of American Business Schools and the Unfulfilled Promise of Management as a Profession*. Princeton, NJ: Princeton University Press.

Klamer, A. 1984. *The New Classical Macroeconomics*. Brighton, UK: Harvester Press.

Klein, N. 2000. *No Logo: Solutions for a Solid Planet*. London: Flamingo.

Klein, P. 2006. *Economics Confronts the Economy*. Cheltenham: Edward Elgar.

Klemperer, P. 1999. Auction theory: a guide to the literature. *Journal of Economic Surveys* 13(3):227–86.

———. 2002a. How not to run auctions: the European 3G telecom auctions. *European Economic Review* 46(4–5):829–45.

———. 2002b. What really matters in auction design. *Journal of Economic Perspectives* 16(1):169–89.

Koopmans, T. C. 1957. *Three Essays on the State of Economic Science*. New York: McGraw Hill.

Kregel, J. A. 1973. *The Reconstruction of Political Economy: An Introduction to Post-Keynesian Economics*. London: Macmillan.

Krueger, A. et al 1991. Report of the Commission on Graduate Education in Economics. *Journal of Economic Literature* 29(3):1035–53.

Krugman, P. 1999. *The Return of Depression Economics*. London: Allen Lane.

2008. *The Return of Depression Economics and the Crisis of 2008*. London: Penguin.

Kuhn, T. S. 1970. *The Structure of Scientific Revolutions*. Chicago: Chicago University Press.

Landsberg, S. 2007. *More Sex is Safer Sex: The Unconventional Wisdom of Economics*. New York: Free Press.

Lawson, T. 1997. *Economics and Reality*. London: Routledge.

Lee, F. 2009. *A History of Heterodox Economics: Challenging the Mainstream in the Twentieth Century*. London: Routledge.

Leijonhufvud, A. 1968. *On Keynesian Economics and the Economics of Keynes*. Oxford: Oxford University Press.

Levitt, S. and Dubner, S. 2006. *Freakonomics: A Rogue Economist Explains the Hidden Side of Everything*. London: Penguin Books.

Lichtenstein, S. and Slovic, P. 1971. Reversals of preference between bids and choices in gambling decisions. *Journal of Experimental Psychology* 89:46–55.

Lucas, R. E. 1972. Expectations and the neutrality of money. *Journal of Economic Theory* 4 (2):103–24.

1976. Econometric policy evaluation: a critique. In *The Phillips Curve and Labor Markets*, eds. K. Brunner and A. Meltzer. Amsterdam: North-Holland.

Malinvaud, E. 1977. *The Theory of Unemployment Reconsidered*. Oxford: Basil Blackwell.

Marglin, S. 2008. *The Dismal Science: How Thinking Like an Economist Undermines Community*. Cambridge, MA: Harvard University Press.

Marshall, A. 1920. *The Principles of Economics*. 8th ed. London: Macmillan.

Mason, P. 2009. *Meltdown: The End of the Age of Greed*. London: Verso.

Mata, T. 2009. Migrations and boundary work: Harvard, radical economists, and the Committee on Political Discrimination. *Science in Context* 22 (1):115–43.

McAfee, R. P. and J. McAfee (1996). Analyzing the airwaves auction. *Journal of Economic Perspectives* 10(1):159–75.

McKenzie, D. 2006. *An Engine Not a Camera: How Financial Models Shape Markets*. Cambridge, MA: MIT Press.

McMillan, J. 1994. Selling spectrum rights. *Journal of Economic Perspectives* 8(3): 145–62.

2002. *Reinventing the Bazaar: A Natural History of Markets*. New York: WW Norton.

Medema, S. G. 2000. 'Related disciplines': the professionalization of public choice analysis. In *Toward a History of Applied Economics*, eds. R. E. Backhouse and J. Biddle, 289–323. Durham, NC: Duke University Press. (Annual Supplement to History of Political Economy, Volume 32.)

2009. *The Hesitant Hand: Taming Self Interest in the History of Economic Ideas.* Princeton, NJ: Princeton University Press.

Mehrling, P. G. 2005. *Fischer Black and the Revolutionary Theory of Finance.* Hoboken, NJ: Wiley.

Milanovic, B. 1998. *Income, Inequality, and Poverty during the Transition from Planned to Market Economy.* Washington, DC: World Bank.

2002. True world income distribution, 1988 and 1993: first calculation based on household surveys alone. *Economic Journal* 112(January):51–92

Milgrom, P. R. 1989. Auctions and bidding. *Journal of Economic Perspectives* 3:3–22.

2004. *Putting Auction Theory to Workd.* Cambridge: Cambridge University Press.

Neumann, J. von. and O. Morgenstern. 1944. *The Theory of Games and Economic Behavior.* Princeton, NJ: Princeton University Press.

Nik-Khah, E. 2008. A Tale of Two Auctions. *Journal of Institutional Economics* 4(1): 73–97.

Oates, W. E., ed. 1992. *The Economics of the Environment.* Aldershot, UK: Edward Elgar.

Ormerod, P. 1994. *The Death of Economics.* London: Faber and Faber.

Panić, M. 2003. *Globalization and National Economic Welfare.* London: Palgrave.

Patinkin, D. 1956. *Money, Interest and Prices.* Evanston, Il: Row, Peterson.

Phelps, E. S. et al. 1970. *Microeconomic Foundations of Employment and Inflation Theory.* London: Macmillan.

Phillips, A. 1962. Operations research and the theory of the firm. *Southern Economic Journal* 28(4):357–64.

Polak, J. J. 1997. The contribution of the International Monetary Fund. In *The Post-1945 Internationalization of Economics*, ed. A. W. B. Coats, 211–24. Durham, NC: Duke University Press.

Posner, R. A. 2009. *A Failure of Capitalism: The Crisis of '08 and the Descent into Depression.* Cambridge, MA: Harvard University Press.

Reder, M. W. 1982. Chicago economics: permanence and change. *Journal of Economic Literature* 20:1–38.

Robbins, L. C. 1932. *An Essay on the Nature and Significance of Economic Science.* London: Macmillan.

Rutherford, M. 1999. Institutionalism as 'scientific' economics. In *From Classical Economics to the Theory of the Firm: Essays in Honour of D. P. O'Brien*, eds. R. E. Backhouse and J. Creedy, 223–42. Cheltenham: Edward Elgar.

Samuelson, P. A. 1947. *Foundations of Economic Analysis.* Cambridge, MA: Harvard University Press.

Shiller, R. 2003. *Irrational Exuberence.* Princeton, NJ: Princeton University Press.

Stigler, G. J. 1959. The politics of political economists. *Quarterly Journal of Economics* 73 (4):522–32.

Stiglitz, J. E. 1994. *Whither Socialism?* Cambridge, MA, MIT Press.

2002. *Globalization and its Discontents.* London: Allen Lane.

2003. *The Roaring Nineties: Seeds of Destruction.* London: Allen Lane.

Tett, G. 2009. *Fool's Gold: How Unrestrained Greed Corrupted a Dream, Shattered Global Markets, and Unleashed a Catastrophe.* London: Little Brown.

Thaler, R. 1994. *The Winner's Curse: Paradoxes and Anomalies of Economic Life.* Princeton, NJ: Princeton University Press.

Wade, R. H. 2004. Is globalization reducing poverty and inequality? *World Development* 32 (4):567–89.

Wedel, J. 1998. *Collision and Collusion: The Strange Case of Western Aid to Eastern Europe, 1989 - 1998.* London: Macmillan.

Weintraub, E. R. 1998. Axiomatisches missverstaendniss. *Economic Journal* 108:1837–47.

Williamson, J., ed. 1994. *The Political Economy of Policy Reform.* Washington, DC: Institute for International Economics.

Wolf, M. 2004. *Why Globalization Works.* New Haven, CT: Yale University Press.

Wolf, M. and R. H. Wade. 2002. Are global poverty and inequality getting worse? *Prospect Magazine* 72:16–21.

World Bank. 2000. *World Development Report, 2000-2001: Attacking Poverty.* Oxford: Oxford University Press.

图书在版编目(CIP)数据

经济学是科学吗?:现代经济学的成效、历史与方
法/(英)罗杰·E.巴克豪斯著;苏丽文译.—上海:
格致出版社:上海人民出版社,2018.2
ISBN 978-7-5432-2816-0

Ⅰ.①经… Ⅱ.①罗… ②苏… Ⅲ.①经济学-研究
Ⅳ.①F0

中国版本图书馆 CIP 数据核字(2017)第 301217 号

责任编辑 张宇溪
封面设计 三 喵

经济学是科学吗?
——现代经济学的成效、历史与方法
[英]罗杰·E.巴克豪斯 著
苏丽文 译

出　　版　格致出版社
　　　　　上海人民出版社
　　　　　(200001　上海福建中路 193 号)
发　　行　上海人民出版社发行中心
印　　刷　苏州望电印刷有限公司
开　　本　635×965　1/16
印　　张　15.75
插　　页　2
字　　数　173,000
版　　次　2018 年 2 月第 1 版
印　　次　2018 年 2 月第 1 次印刷
ISBN 978-7-5432-2816-0/F·1078
定　　价　48.00 元